A INCRÍVEL CONEXÃO
INTESTINO CÉREBRO

DESCUBRA A RELAÇÃO ENTRE AS EMOÇÕES E O EQUILIBRIO INTESTINAL

CAMILA ROWLANDS

A INCRÍVEL CONEXÃO
INTESTINO CÉREBRO

DESCUBRA A RELAÇÃO ENTRE AS EMOÇÕES E O EQUILIBRIO INTESTINAL

© Publicado em 2017 pela Editora Isis.

Revisão de textos: Rosemarie Giudilli
Tradução: Maria del Carmen Villareal
Capa: Equipe Técnica Editora Isis
Diagramação: Décio Lopes

DADOS DE CATALOGAÇÃO DA PUBLICAÇÃO

Rowlands, Camila

A incrível conexão intestino cérebro – Descubra a relação entre as emoções e o equilibrio intestinal / Camila Rowlands | 1ª edição | São Paulo, SP | Editora Isis, 2017.

ISBN: 978-85-8189-098-2

1. Medicina alternativa 2. Bem estar I. Título.

Proibida a reprodução total ou parcial desta obra, de qualquer forma ou por qualquer meio seja eletrônico ou mecânico, inclusive por meio de processos xerográficos, incluindo ainda o uso da internet sem a permissão expressa da Editora Isis, na pessoa de seu editor (Lei nº 9.610, de 19.02.1998).

Direitos exclusivos reservados para Editora Isis.

EDITORA ISIS LTDA
www.editoraisis.com.br
contato@editoraisis.com.br

Sumário

Introdução...7

I. Uma Boa Notícia: Você Tem Dois Cérebros.................9

De "centro energético" à mera "barriga". Nossos antepassados e nós: maneiras muito diferentes de olhar o nosso umbigo............ 14

II. Uma Notícia Não Tão Boa: No seu Segundo Cérebro Mandam os Bichos..19

A microbiota: as forças do bem e do mal também lutam no seu microuniverso intestinal 24

Disbiose e permeabilidade intestinal: alerta de combate............... 30

Fatores desencadeantes do desequilíbrio bacteriano...................... 35

III. A alimentação na forma de terapia..........................45

PRÉ-bióticos, probióticos, simbióticos: fique com estes nomes na sua cabeça... 52

Probióticos.. 60

Alimentos agressores.. 62

IV. Emoções e Intestinos 65

Psicobióticos: bactérias contra a doença mental *77*

O autismo. Seguindo o rastro intestinal *79*

V. Aprendizagem, Cognição, Sistema Motor e Memória .. 83

Doenças neurológicas ou doenças intestinais? Parkinson

e Alzheimer: onde começam? *85*

Referência bibliográfica 93

Bibliografia 117

Introdução

O objetivo deste livro é aproximar o leitor a uma fascinante e, por enquanto, silenciosa revolução. Não é um livro dirigido a profissionais, mas sim um livro para curiosos e interessados que desejam ser uma ponte entre os primeiros e os segundos.

No meu ir e vir – exploradora e alerta – por seminários, escritórios, atualizações e diversas pesquisas sobre a nutrição e a alimentação consciente, deparei-me com algumas surpresas que me conduziram até um tema a priori complexo, mas muito tentador: a conexão intestino-cérebro. Apesar de no começo me parecer talvez uma questão um tanto científica que se afastava do meu campo de trabalho, em seguida fui descobrindo como, no fundo, se tratava simplesmente de um passo adiante sem me desviar nem um ponto do meu caminho.

Aquele novo mundo a ser descoberto que se estendia à frente dos meus olhos e da minha mente me confirmavam de forma decisiva e apaixonante que a recuperação da nossa prudência como espécie passa pelo retorno à nossa essência selvagem e, além disso, me proporcionava dados científicos para esgrimir tal qual uma espada frente aos céticos.

Nunca antes tinha sido revelado a mim com tal claridade a enorme verdade que encerra o aforismo "somos o que comemos". Porque nunca antes tinha visto tão claramente que o medo, a ira, o amor, a felicidade, a paz do espírito, o equilíbrio emocional... (em definitivo, o que somos e o que vivemos) são assuntos das vísceras e que talvez, nelas habite e se expresse o esquivo subconsciente.

O que vou expor nas seguintes páginas é uma mera introdução. Mais do que isso é um convite. Muito do que vou contar parece ciência-ficção, mas garanto a você que não é. E além disso, qual ciência não tem sido a ficção de um visionário até que tem chegado a confirmação empírica?

Aqui ofereço a vocês quantas confirmações e entreabro a porta que alguns visionários têm descerrado a todos.

Preparem-se para o assombro.

Obrigado por me acompanhar.

Camila Rowlands

I

Uma Boa Notícia: Você Tem Dois Cérebros

Pelos menos um deles você usa com certeza

Até há pouco tempo acreditava-se que o comando absoluto sobre o resto dos órgãos era exercido pelo cérebro, que desde o alto dirigia, por exemplo, a atividade intestinal. Assim, o intestino era considerado pela ciência tal qual mero subordinado que acatava as ordens desse *chefe* todo poderoso que habita a zona nobre da torre. Contudo, hoje se sabe que o intestino tem o mesmo grau de importância que o cérebro cranial. Isso é assim, a ponto de que se fala de um segundo cérebro (e não em sentido metafórico. O intestino é, literalmente, nosso segundo cérebro).

Sim, você leu bem: o que a gente conhece popularmente por "tripas" é na realidade um cérebro e a sua função neuronal é extraordinariamente semelhante a desse outro cérebro mais do que conhecido e com o qual mantém inúmeras semelhanças em nível bioquímico e celular. E não somente isso, o nosso cérebro cranial não poderia subsistir sem o nosso cérebro intestinal, porém, esse sobreviveria sem problemas e sem necessidade daquele.

Ambos os cérebros estão em constante comunicação, mas contrariamente ao que caberia supor, é o segundo cérebro o que envia mais mensagens ao chamado primeiro cérebro e não vice-versa.

Os últimos estudos demonstram que noventa por cento das fibras do nervo vago – o nervo que se estende desde o bulbo raquidiano até as cavidades do tórax e do abdome e que rege muitos processos orgânicos – são aferentes, o que quer dizer que transmitem sinais de abaixo para cima, ou seja, do intestino até a cabeça. O nervo vago funciona basicamente feito um canal de informação desde o trato gastrointestinal até o cérebro.

Dessa forma, as nossas tripas têm muito mais que dizer ao cérebro do que o cérebro a elas. E, como veremos ao longo deste livro, a função desse fluxo de informação intestino-cérebro, definitivamente, não se limita a nos avisar quando temos de comer.

Entre as duas capas de músculo que revestem as paredes do nosso sistema digestivo estende-se uma rede de neurônios cuja estrutura é a mesma que a dos neurônios cerebrais com as quais compartilham várias capacidades, dentre elas, a capacidade para liberar importantes neurotransmissores. Trata-se de uma rede muito extensa de mais de cem milhões de células nervosas (quase o mesmo número que contém a medula espinal).

A grande diferença no que diz respeito às capacidades reside em que esse cérebro intestinal não está capacitado para gerar pensamento consciente e, portanto, não raciocina nem toma decisões, ou seja, o segundo cérebro sente, mas não pensa, mesmo que pareça "saber" e "perceber" intuitivamente.

Não obstante, os surpreendentes resultados de várias pesquisas de vanguarda mostram que esse segundo cérebro tem memória e pode aprender. De fato, começa-se a trabalhar com a hipótese de que o intestino tenha capacidade de experimentar, não apenas de refletir emoções básicas como o medo e sofrer os seus próprios transtornos neuróticos (nelas podem se incluir as úlceras e as doenças crônicas – a gastrite, por exemplo).

Outra curiosa semelhança que faz pensar que haja relação entre o intestino e os ciclos do sono é que durante o descanso noturno a atividade digestiva cessa e o sistema nervoso entérico emite ondas lentas em forma de contrações musculares em ciclos coincidentes com os do cérebro. Ali pode residir a base biológica da sabedoria popular que afirma que um jantar excessivamente abundante gera pesadelos, ou que por trás de uma farta ceia a pessoa tem horríveis sonhos cheios de tartarugas galápagos.

Cada vez é mais evidente que o objetivo dessa rede neuronal que cobre todo o tubo digestivo e que constitui o que se conhece por Sistema Nervoso Entérico (SNE) vai muito além da função digestiva (que é bastante complexa e consiste em levar a comida por meio de todo o tubo digestivo mediante os movimentos ondulatórios peristálticos, secretar sucos digestivos, digerir os alimentos, absorver os nutrientes, transportar esse material até o sistema circulatório, expulsar os resíduos, dentre outras funções. Enfim, *quase nada*).

Essa irmandade cerebral surge desde o nascimento de ambos os órgãos. No que se refere ao desenvolvimento embrionário, os dois cérebros têm a mesma origem. Tanto o

12 | *A Incrível Conexão Intestino Cérebro*

sistema nervoso central quanto o sistema nervoso entérico surgem da crista neural que, na realidade, é uma população de células migratórias que aparece em etapas primárias do processo. Ao migrarem, algumas delas formarão parte do sistema nervoso central e outras se transformarão no sistema nervoso entérico.

De fato, também existe grande semelhança entre os nossos miolos e nossos intestinos, comprimidos uns e outros nas suas correspondentes "caixas". O nervo vago que une ambos sistemas aparecerá posteriormente, mas está claro que são sistemas criados para se entender desde o momento mesmo da gestação.

Na crônica da evolução se sabe que esse segundo cérebro, o cérebro digestivo, foi o primeiro a aparecer. Foi, na realidade, o cérebro original. Organismos unicelulares primitivos que apareceram há mais de três mil e quinhentos milhões de anos e que consistiam em um mero tubo digestivo, a partir do qual depois se desenvolveria o sistema nervoso entérico, sobreviviam aderidos às rocas à espera do alimento "passar" casualmente por ali. Mais tarde, com a evolução da vida na terra esses organismos desenvolveriam sistemas mais complexos e apareceria o sistema nervoso central, necessário para uma existência cada vez mais proativa.

Embora seja o cérebro cranial o que tenha marcado a diferença na nossa evolução e que, graças a ele e às suas capacidades, a nossa existência tenha se expandido e continue se expandindo, também tem nos tornado surdos àquilo que percebemos por meio das entranhas. Temos calado a nossa parte animal e, com ela, sutilíssimas capacidades perceptivas em estado puro, sem filtro algum.

É importante que aprendamos a escutar o que ditam as nossas entranhas. Ainda melhor: é importante que nos lembremos o que há milhares de anos sabíamos. Os nossos ancestrais se guiavam pelos seus instintos e intuições (a sua atividade mental ainda era muito rudimentar), quer dizer, se guiavam pelo seu cérebro intestinal.

O Nervo da compaixão

O Nervo vago – o décimo dos doze pares de nervos craniais – é um nervo fascinante. Entre as suas múltiplas funções está a de produzir essas ondas quentes que se expandem pelo nosso peito quando nos emocionamos ou alguma coisa nos comove. As mesmas ondas que provocam essa tepidez interna que sentimos quando nos abraçam. Por isso se conhece como o nervo da compaixão. O curioso apelido é obra do neurologista Sttephen W. Porges que o chamou assim ao descobrir a capacidade 'amorosa' de grande parte da sua atividade.

Em pesquisas recentes vários científicos têm dado continuidade a estas primeiras descobertas e afirmam que o apelido é mais correto do que suspeitavam.

Estes científicos sugerem que a ativação do nervo vago está diretamente relacionada com sentimentos de cuidado, proteção e ética. Eles chegaram a esta conclusão depois de observar que, indivíduos que apresentavam um alto grau de ativação deste nervo em estado de descanso, tendiam a sentir e expressar sentimentos elevados de compaixão, altruísmo e gratidão.

Em um estudo de 2010 publicado na Revista Psychological Bulletin, Dacher Keltner –doutor em psicologia pela Universidade de Berkeley – e a sua equipe mostraram como, ao mostrar imagens de um grande sofrimento massivo aos sujeitos do experimento se desencadeavam neles fortes reações de compaixão, ao mesmo tempo em que se ativava o seu nervo vago. Além disso, hoje se sabe que a sua estimulação pode incrementar as nossas habilidades cognitivas, acalmar o nosso estado de ânimo e equilibrar o nosso comportamento. Não é de se surpreender, portanto, que alguns autores falem deste nervo da 'compaixão' como a conexão entre o corpo e o espírito. E se, como temos visto, o noventa por cento das fibras do nervo vago são aferentes, ou seja, transmitem sinais de baixo para cima, do intestino até a cabeça, talvez quando falamos de reações viscerais estamos sendo muito mais literais do que imaginávamos.

De "centro energético" à mera "barriga". Nossos antepassados e nós: maneiras muito diferentes de olhar o nosso umbigo

Tudo isso os sábios do antigo Egito intuíram bem antes. Os *doutores* da bacia do Nilo colocavam as emoções nos fedorentos intestinos e consideravam o estômago como a "foz" do coração, órgão dos sentimentos, o entendimento e a inteligência. No papiro Ebers, um dos primeiros tratados médicos que se conhecem (aproximadamente 1550 a.C.), o coração "amedrontado" aparece diretamente associado a uma digestão defeituosa. Na sua mitologia também encontramos um personagem relacionado com o tema.

Parece que o Ibis, pássaro sagrado para os egípcios e associado ao Deus da saúde, Thot, foi a principal fonte de inspiração para os enemas que começariam a ser aplicados

Uma Boa Notícia: Você Tem Dois Cérebros | 15

como terapia aproximadamente 2500 a. C. – já que, utilizando o seu longo bico encurvado se introduzia água no ânus para limpá-lo. Essa prática chegou a ser tão valorada e seus efeitos tão desejados que se tornou um hábito generalizado de toda a população (era comum aplicá-la pelo menos uma vez por mês). Essa limpeza era considerada muito importante a ponto de existir na corte um médico cuja função era administrar os enemas aos monarcas e às pessoas próximas a eles. Esse peculiar doutor era chamado de "guardião do ânus", segundo uma inscrição na comuna de Ísis. E a limpeza, seja do lar ou do palácio, não se considerava somente física, ao se aplicar os enemas também se limpavam todos os descartes que vertia o coração ferido, excedido e confundido.

A medicina ayurvédica também considerava e considera ainda hoje esse tipo de limpeza muito mais que uma prática biológica. Para essa medicina ancestral, trata-se sobretudo de uma limpeza energética e, portanto, emocional.

Em muitos textos de diferentes correntes místicas e religiosas se fala com toda clareza da relação entre a limpeza corporal e a pureza de espírito. E não somente sobre a pureza espiritual, pois existem numerosas crônicas que testemunham como, sem ir muito longe, os romanos associavam o "alívio" intestinal à clareza de ideias (não só as emoções e a energia se vinculam às tripas, também o entendimento). Por esse motivo, os banheiros públicos, com seus largos bancos ocos, eram cenário habitual de brilhantes dissertações políticas, filosóficas e de todo tipo. Perante semelhantes demonstrações de eloquência, os odores ficavam em segundo plano.

Outros exemplos de respeito perante os nossos "desprezados" intestinos os encontramos igualmente nas delicadas

16 | *A Incrível Conexão Intestino Cérebro*

medicinas orientais que atribuíam e atribuem ainda hoje, à zona do ventre, o nosso autêntico centro vital. Na realidade, não se referem a nenhum órgão em concreto, mas sim a um ponto de localização. Um ponto situado por baixo do umbigo denominado *dan tien* (cuja tradução literal seria "área do ventre") na medicina chinesa e *hara* nas artes marciais japonesas. Nesse centro se integram mente e corpo. É um centro energético no qual há de se concentrar o *chi* (a energia universal e cósmica) e com ele, o poder pessoal. Trata-se de uma bússola interna carregada de sabedoria. Para eles, o segredo da saúde e do bem-estar, entendido por um estado de serenidade e calma profundas, unido à integração correta de todos os sistemas orgânicos, residiria na capacidade de se conectar com esse centro. Esse é precisamente o objetivo de disciplinas tais quais o tai chi ou o chikung.

Nas palavras de K. G. Dürckheim, «o cuidado do *hara* exerce uma virtude curativa em relação ao nervosismo, sob qualquer forma em que se apresente».

O *Chi Nei Tsang* é uma técnica milenária de sanação taoísta que parte da premissa de que o abdome é o centro do organismo e das nossas emoções. Essa disciplina considera que a zona do ventre é a área da conexão energética do nosso corpo com a fonte de energia cósmica (a tradução mais correta de *chi* é energia e de *nei tsang* é vísceras) e seu objetivo é limpar a energia nociva presa no mais profundo, para assim restaurar a vitalidade.

É o homem moderno que tem envolvido todo o tema intestinal em forte tabu e displicência, quando não em repugnância. Suponho que parte dessa desnaturalização que sofremos deva-se ao afastamento de nossa essência e de termos soltado da mão de nossa mãe Natureza. Mas nossa mãe sempre sai a nos procurar e ela nos encontra.

A acupuntura abdominal do doutor Bo Zhiyun

Existe uma anatomia da energia que não aparece em nossos modernos tratados de medicina. O doutor Zhiyun explica que seu particular método, desenvolvido há mais de vinte anos, principalmente na China, mas também nos Estados Unidos e Europa, parte do princípio de que há poucos pontos específicos no abdome que correspondem a problemas neurológicos. O ponto de acupuntura denominado *Shen* é o encarregado de distribuir o *Qi* em todo o corpo e estimular esse e outros pontos de acupuntura da região abdominal, harmonizar os órgãos que estejam sofrendo alguma disfunção desequilibrando-o. Ao fazer isso estamos ajustando a harmonia de todo o organismo. No abdome encontra-se um complexo sistema de regulação e controle que se forma durante a fase embrionária e é o sistema mãe de todo o sistema de meridianos que conhecemos.

Embora a aplicação das agulhas seja superficial, o efeito energético afeta os órgãos em níveis profundos. Para a medicina chinesa os órgãos e as vísceras estão diretamente conectados com o nosso sistema emocional, e para curar um transtorno no âmbito das emoções é preciso buscar a origem orgânica.

A sua técnica de acupuntura não é apenas efetiva em doenças ósseo-musculares e transtornos do sistema locomotor, mas também pode exercer influência positiva em transtornos psicológicos e em problemas vinculados ao sistema

18 | *A Incrível Conexão Intestino Cérebro*

nervoso, aos processos cognitivos e ao equilíbrio emocional.

Atualmente, essa técnica está sendo aplicada com sucesso no tratamento da ansiedade, depressão e mesmo em doenças tais quais Parkinson e Alzheimer com resultados evidentes que a medicina ocidental não pode explicar. O doutor Bo Zhiyun tem documentado tais resultados por meio de ressonâncias magnéticas de cérebros em pacientes sadios antes e depois de sessões de acupuntura abdominal. Essas imagens mostram que após o tratamento, o número de áreas cerebrais ativadas aumentava.

II

Uma Notícia Não Tão Boa: No seu Segundo Cérebro Mandam os Bichos

Pássaros e bactérias: a cada cérebro o seu

O que você pensaria se alguém lhe dissesse que no seu interior habitam muitíssimos mais micro-organismos alheios a você do que células humanas?

Que você, mais do que um indivíduo, é um ecossistema no qual bilhões de micro-organismos vivem organizados e em contínua atividade?

Que se levamos em conta o seu ADN, se chamar de "ser humano" é uma inexatidão? (Por cada célula com ADN humano temos em nosso corpo dez micro-organismos que NÃO são humanos).

Você acreditaria que, além disso, que se lhe dissesse que a sua saúde não somente física – eis a grande surpresa – mas também mental, dependem das bactérias que habitam em suas entranhas, que ocupam mais terreno em você do que

20 | *A Incrível Conexão Intestino Cérebro*

você mesmo e que, essas bactérias determinam em grande medida o seu comportamento e a sua personalidade?

Talvez depois de ler novamente os dois parágrafos anteriores, você esteja pensando: "Ummmm. Bom, não sei... depende de quem me diz isso". É bom que seja dito que essa me parece uma premissa mais do que razoável nesses tempos em que todo tipo de panaceias e teorias científicas circulam pelas redes sociais enlouquecidamente e sem filtro. Afirmações que vão se distorcendo mensagens enviadas por um "telefone sem fio", aquele jogo engraçado da infância em que uma mensagem que partia, sendo plenamente coerente, após de passar por várias bocas e orelhas, chegava transformada em um disparate ao ouvido do último jogador.

Pois bem, acontece que essa teoria tão excêntrica tem sido lançada por numerosos pesquisadores entusiasmados pelo grande potencial, no que à saúde se refere, desse microuniverso que nos habita. Hoje se sabe que a maior parte da vida na terra é microbiana e que os animais estão compostos, mais do que qualquer outra coisa, de comunidades de micro-organismos. E dentre os animais incluímos, obviamente, o ser humano.

Para nós, assim também para os demais animais, comunidades são um componente absolutamente essencial do que somos. Um ser humano não é um indivíduo, é a soma do indivíduo e dos micro-organismos que nele se hospedam (de fato, como já comentei, possuímos dez vezes mais bactérias que células próprias. A *população* total de bactérias em nosso organismo pode chegar a pesar entre um e dois quilos). E, tanto os primeiros quanto os segundos, evoluem ao mesmo tempo e se adaptam em uma relação simbiótica em que a ajuda mútua é absolutamente necessária para a subsistência.

Na realidade, o ser humano é um recém-chegado (aparecemos há apenas duzentos mil anos). Sem micróbios não existiríamos, mas se desaparecêssemos acredito que nenhuma espécie sentiria a nossa falta, nem sequer os micro-organismos.

Contudo, não nos confundamos, os micróbios atuais não são os do passado, os micróbios atuais estão tão evoluídos como nós e são infinitamente mais resilientes. Perante uma catástrofe planetária poderiam se readaptar e sobreviver.

O motivo pelo qual ninguém se preocupou em buscar bactérias no estômago antes da década de setenta do século passado deve-se ao fato da comunidade científica da época acreditar que as bactérias não poderiam viver em um ambiente ácido. Mas acontece que é possível, elas podem sim, o que as torna, quando ficam ruins, inimigos difíceis de ser vencidos, uma vez que para sobreviver, adaptam-se a situações extremas e podem mesmo chegar a se transformar em brutais assassinas. São os organismos indiscutivelmente vitoriosos, de fato, em nível evolutivo, pois a vida nasceu de uma bactéria ancestral comum e, durante quase três mil milhões de anos só existiram bactérias na Terra – é esse e outros motivos que permitem a elas mudar com total facilidade.

Poderia se dizer que somente antes de nascer somos cem por cento humanos. Uma vez que chegamos ao mundo exterior, somos unicamente dez por cento. Surpreendente, não é verdade? Eu diria que é até inquietante e certamente faz que se desequilibre toda uma perspectiva. E isso, que é tão difícil de assumir, acontece porque nossos companheiros

22 | *A Incrível Conexão Intestino Cérebro*

bacterianos são recrutados desde o momento do parto e durante a amamentação, período no qual, entre outros processos, os açúcares absorvidos do leite materno que o neonato não pode digerir atuam em forma de fertilizantes da flora intestinal, ou seja, da microbiota (mais adiante vou explicar o termo). Ativamos a microbiota no momento em que nascemos e, a partir do instante da exposição pós-natal, começamos a desenvolver um ecossistema bacteriano pessoal.

Se o nascimento é por parto natural a transmissão bacteriana é direta da mãe à criança cuja pele, ao atravessar o canal vaginal e também ao entrar em contato com as fezes e os líquidos da mãe, se impregna de bactérias que despertam a sua imunidade. E não só por via tópica, também por via oral. A essas bactérias depois se somam também às "engolidas" na primeira abocanhada de ar. Apesar disso, as crianças nascidas por cesariana não entrarão em contato com as bactérias vaginais e fecais da mãe e adquirirão uma macrobiota totalmente diferente aos nascidos em parto natural.

Os bebês nascidos pela intervenção cirúrgica são colonizados por outro tipo de micro-organismos, aqueles que se originam no ambiente do hospital e aqueles provenientes do contato com o pessoal de atenção sanitária. E são colonizados através da pele, algo que se pode considerar em certo modo antinatural. As diferenças são muito marcantes. Por exemplo, na microbiota dos bebês nascidos por parto natural predominam as bifidobactérias, importantíssimas porque inibem o crescimento de micro-organismos prejudiciais, estimulam a função imunitária, preveem a diarreia, sintetizam vitaminas e outros nutrientes, protegem contra o câncer e ajudam a digerir (amidos complexos e fibra dietética), e as crianças trazidas ao mundo por meio de cesariana carecem completamente delas.

A amamentação também é determinante e reforça e alimenta toda a colônia adquirida para o bebê a partir do momento do parto. As crianças amamentadas desenvolvem um sistema imunológico muito mais eficaz que o desenvolvido por crianças alimentadas com leite em pó.

Os recém-nascidos contam com um sistema imunológico complexo mais imaturo e na sua maturação os micro-organismos intestinais representam um papel fundamental considerando que se servem de estímulo imunogênico (estímulo imunogênico é aquele capaz de gerar uma resposta imune). Por isso, é tão importante nesse sentido o leite materno, porque além de proporcionar à criança o aporte necessário em relação às calorias, vitaminas e proteínas, é rico – e isto é o que faz dele algo insubstituível – em componentes específicos de defesa (as bactérias de microbiota, por exemplo).

Os estudos prospectivos têm demonstrado sem dúvidas que a morbilidade, em relação às doenças infecciosas, é muitas vezes maior em crianças alimentadas artificialmente, do que em crianças amamentadas.

Aproximadamente aos dois anos e meio a criança já terá desenvolvido uma comunidade microscópica totalmente madura.

Esses diminutos hóspedes que se comportam iguais a um órgão só e cuja maior concentração a encontramos precisamente no nosso segundo cérebro (noventa por cento mais ou menos) estão despertando grande interesse e atualmente têm se tornado o ponto de pesquisa de grande número de pesquisadores a trabalharem na busca de novas terapias efetivas contra todo tipo de transtornos neuropsicológicos, incluindo transtornos complexos considerados "incuráveis" e cuja origem e desenvolvimento estão envolvidos, ainda hoje, em uma nebulosa de incógnitas como são o Alzheimer ou o Autismo.

Consequências a curto, meio e longo prazo do parto por cesariana:

- *80% mais possibilidades de padecer a doença celíaca*
- *Aumento de 50% no risco de desenvolver obesidade*
- *Risco três vezes maior de desenvolver TDAH*
- *Risco cinco vezes maior de desenvolver alergias*
- *Risco duplo de padecer algum transtorno do espectro autista*
- *70% mais possibilidades de desenvolver diabetes de tipo I*

A microbiota: as forças do bem e do mal também lutam no seu microuniverso intestinal

Pelo microscópio as nossas entranhas são um autêntico microplaneta com diversas zonas climáticas e múltiplos habitats. Um ecossistema com jardins, pântanos, cavernas, pantanais, bosques tropicais, onde habitam variadas formas de vida.

Existem espécies que são vegetação e outras espécies que se alimentam dessa vegetação e outras espécies que se alimentam dessas espécies.

Existem plácidos herbívoros que convivem com terríveis depredadores. Um ecossistema tem toda regra.

Além desse ecossistema básico, e isto é o insólito, em nossas entranhas também se desenvolve uma sociedade minúscula, em que honrados cidadãos cumprem as suas obrigações diárias e na qual uma guarda, perfeitamente treinada, patrulha incansavelmente, velando para que se mantenham a lei e a ordem. Essa guarda microscópica está composta pelas células do sistema imunitário e, como em qualquer sistema que se preze, as células que vigiam devem ser igualmente vigiadas para que, no exercício das suas responsabilidades, não se corrompam.

Seguindo com o jogo das semelhanças, nesse planeta microscópico a brutalidade da guarda estaria representada pelo uso excessivo e violento, que perante qualquer suspeita de ameaça ataca de forma cega e reprime não somente os perigosos, mas também os que passavam por aí. Em outros termos: um sistema imunitário que se ativa com muita facilidade e que precisa ser regulado e vigiado pelos equânimes agentes de assuntos internos.

Os micróbios que povoam nosso micro-organismo e que vigiam essas forças celulares do sistema imunitário seriam esses *incorruptíveis* agentes.

Esses cem bilhões de microscópicas criaturas, que coabitam em nosso sistema digestivo e que funcionam e interatuam feito um autêntico ecossistema metabolicamente ativo e muito versátil, compõem o que antes chamávamos flora intestinal e atualmente se conhece por microbiota (agora sabemos que o nome "flora" era incorreto e que não tinha

26 | *A Incrível Conexão Intestino Cérebro*

nada a ver com o reino vegetal). Um microplaneta mais densamente povoado que a mesma Terra e que demonstra que existe uma surpreendente continuidade biológica entre nós como indivíduos e todo o mundo exterior. A chave está na simbiose. A simbiose se define por vínculo associativo desenvolvido por exemplares de diversas espécies. O termo se utiliza principalmente quando os organismos envolvidos (conhecidos por simbiontes) obtêm um benefício dessa existência em comum, mas também existem relações simbióticas parasitárias nas quais só se beneficia da relação um dos organismos, isto é, tira um benefício a despesa do outro.

Outro tipo de associação simbiótica é o comensalismo que consiste em que um dos micro-organismos se beneficia da relação sem nenhum custo ou com um custo mínimo para o outro (Erica e Justin Sonnenburg explicam isso com um acertado exemplo no seu livro *El intestino feliz*: "Imaginemos que um cachorro remexa o nosso lixo para comer").

No mutualismo seria a terceira classe e, nela, ambas as partes se beneficiam da união e essa é justamente a relação que estabelecemos com uma microbiota equilibrada.

A microbiota aumenta em quantidade e complexidade assim que alcança o trato gastrointestinal. A máxima concentração de bactérias acontece no intestino grosso. De fato, a metade do peso das fezes é composta de bactérias. Na realidade, o cólon é um universo caótico e superpopuloso – nada a ver com a "ordem" ambiental do intestino fino. E quando digo superpopuloso não me refiro somente as báctérias, também é comum encontrar minhocas e outras espécies parasitárias. É um universo hostil onde cada espécie luta ferozmente pela sobrevivência.

Ao chegar ao cólon todos os nutrientes são absorvidos e há pouco de aproveitável. E todas as tribos que habitam esse universo sem lei irão se lançar ávidas e sem contemplações por esse "pouco". Mas, não quero que essa maneira de expor o processo leve a erro; o intestino grosso não é uma verdadeira lixeira, na realidade, cumpre várias funções importantes. É preciso não esquecer que a excreção é um fator fundamental para manter uma ecologia interna sã. O problema é que no que acabamos de definir tal qual lixeira, se acumulam tais quantidades de resíduos potencialmente tóxicos que podem gerar o campo de cultivo de todo tipo de doenças, entre elas o temido câncer de cólon, de diagnóstico tardio, já que o cólon possui escassíssimos receptores de dor, e a doença avança sem fazer barulho.

Hoje sabemos que as criaturas que povoam nosso ecossistema interno desempenham, sem dúvida, um importante papel não somente em relação às funções digestiva e imunitária, mas também em relação à saúde em geral, inclusive a saúde mental. E tudo indica que o seu raio de ação vai muito além. Novos estudos estão dizendo que as bactérias que habitam o organismo influem na maneira em que a mente trabalha, e que mal-estares psicológicos cada vez mais comuns, como a ansiedade ou a depressão, podem estar em grande parte relacionados com o estado em que mantemos o habitat dos nossos minúsculos habitantes.

Nesse contexto, é alarmante saber que nossas bactérias intestinais são uma espécie em risco de extinção (de novo o metafísico paralelismo entre o planeta externo e o planeta

28 | *A Incrível Conexão Intestino Cérebro*

interno). Por isso, como veremos mais adiante, é tão importante manter a diversidade e o equilíbrio na nossa colônia bacteriana intestinal. Finalmente, se trata de um ecossistema e, em qualquer ecossistema, a gravidade das consequências do desaparecimento de uma espécie depende da variedade e riqueza de espécies desse sistema. Com a perda de diversidade aumenta o risco de colapso do sistema.

É muito, mas muito promissor o que está sendo descoberto sobre essa grande desconhecida e, parece que as coisas encontradas são determinantes porque, até agora, acerca da microbiota tem-se produzido resultados praticamente iguais, apesar de ter se realizado de maneira independente e em dois países distintos. Falo de dois trabalhos realizados pelo Instituto Flamenco para a Biotecnologia (VIB), na Bélgica, e pela Universidade de Groninga, na Holanda, com conclusões coincidentes na grande maioria dos parâmetros analisados.

Para isso, é importante conhecer bem a população e tratar de manter a harmonia e proteger os bons cidadãos perante os elementos mais conflitivos (como a vida mesma).

Simplificando, e sem entrar em detalhes científicos e nomenclaturas complicadas, podemos dizer que a microbiota está composta por bactérias boas (flora de fermentação) e bactérias ruins (flora de putrefação).

As primeiras, trabalhadoras e benévolas, desempenham uma função indispensável no processo digestivo, sobretudo no que se refere ao trânsito intestinal e à eliminação de desperdícios; entre outras coisas são muito eficientes na absorção de minerais e na síntese de vitaminas, ou seja, na assimilação de todos os nutrientes. Produzem várias vitaminas essenciais para a saúde do cérebro e de todo o sistema nervoso, incluindo a B12, cujo déficit supõe um fator de risco para desenvolver depressão e mesmo a demência, e colaboram ativamente na função imunológica estimulando a produção de defesas (linfócitos). São nossas aliadas e se conformam com pouco: em troca de comida e hospedagem, elas transformam nosso alimento em energia e nos protegem perante qualquer tentativa de evasão patógena. Nossos intestinos têm, graças a elas, a habilidade de receber alimentos, extrair deles as substâncias necessárias para a vida e expulsar os elementos inúteis ou tóxicos.

As segundas, as bactérias "ruins", na realidade poderíamos chamá-las bactérias "não muito boas" porque não podem ser consideradas nocivas, são também úteis em alguns aspectos, embora seja indispensável que estejam em minoria para manter o equilíbrio da microbiota. O segredo, por sua vez, consiste em se conseguir sempre que haja mais bactérias boas, isto é, em manter afastadas as ruins sem eliminá-las, mas impedindo que tomem o poder.

As boas são as que chegaram primeiro e se estão sadias são territoriais feito felinos.

As funções da flora intestinal são inumeráveis e tão fundamentais que muitos especialistas a consideram um órgão acessório (depois de tudo, estamos falando de dois quilos de biomassa essencial para viver e cujo funcionamento repercute em todo o sistema). Por isso, um principais objetivos do chamado segundo cérebro é a manutenção das melhores condições para o desenvolvimento da flora bacteriana benéfica e a detecção e rápida neutralização ou expulsão dos micro-organismos que poderiam resultar nocivos.

Microbiota/microbioma

Nos textos – livros, artigos, apresentações, post em blog – que falam sobre esta colônia microbiana, até há pouco tempo conhecida como flora intestinal, é frequente a confusão ou, pelo menos a falta de clareza, no momento de diferenciar entre 'microbiota' e 'microbioma'. Não são absolutamente sinônimos. A primeira é o que temos definido nesta parte do livro e as suas principais funções, como já explicamos antes, são protetoras (perante outros tipos de bactérias e vírus potencialmente patógenos), metabólicas (cumprem um papel essencial na digestão, na absorção e síntese dos nutrientes) e imunológicas (o equilíbrio do seu ecossistema é fundamental para o correto funcionamento do sistema imune). O microbioma, por outro lado, seria o segundo genoma diferente do genoma humano, que ajuda a compensar algumas deficiências desse, ou seja, é o código genético de todos os micróbios que hospedamos. Seu estudo é relativamente incipiente e é preciso olhar com muito cuidado para aproveitar o potencial dessa nova impressão identificativa.

Disbiose e permeabilidade intestinal: alerta de combate

Conhecida por disbiose ou disbacteriose é a alteração da microbiota intestinal produzida como resultado de um desequilíbrio entre bactérias benéficas e bactérias danosas. Essa alteração é devida, na maioria dos casos, a patrões dietéticos que prejudicam o ecossistema bacteriano e alteram o seu funcionamento.

Ao se estender ao longo do tempo, a disbiose acelera o envelhecimento e enfraquece ostensivamente todo o nosso organismo. De fato, muitos dos problemas que de maneira displicente atribuímos à idade, têm a sua origem nesse desequilíbrio e poderiam ser resolvidos se não os considerássemos por condição *sine qua non* da velhice.

As alterações na composição da microbiota, por eliminação de bactérias boas e/ou proliferação das ruins, podem provocar numerosos transtornos, não apenas intestinais. Por isso, é importante tê-la em conta na hora de nos alimentarmos. Trataremos mais especificamente disso ao falarmos dos hábitos alimentares.

Devido a essas mudanças na concentração bacteriana, a parede intestinal torna-se permeável, e o problema, irremediavelmente, passa ser de intestinal a geral com consequências nefastas para todo o organismo.

A parede intestinal atua como ponte e fronteira; por um lado participa na assimilação de nutrientes e, por outro, impede que as bactérias e proteínas alheias adiram à mucosa intestinal. Isso acontece graças à ação dos anticorpos que contém, que identificam e bloqueiam os elementos ameaçadores.

Quando essa fronteira se deteriora e se torna franqueável sem nenhum controle, ficamos à mercê de numerosas doenças. Isso acontece pelo enfraquecimento das estreitas uniões que existem entre as células epiteliais que conformam o revestimento. Mais do que um enfraquecimento, trata-se de um mal funcionamento; as uniões se abrem quando não devem, ou seja, se abrem por erro ou negligência, seguindo com a analogia do posto de controle fronteiriço, uma vez que na realidade essas interligações não têm de estar sempre fechadas.

De fato, essas ligações intercelulares também se abrem para permitir a passagem dos nutrientes. No heterogêneo ecossistema das nossas entranhas todos os micro-organismos, tanto os nossos aliados quanto os potencialmente conflitivos, estão separados do fluxo sanguíneo por essa barreira de enterócitos (células epiteliais).

Quando os aliados, os anfitriões, estabelecem conosco uma relação simbiótica, estão em minoria (por culpa de vários fatores que veremos em breve), por sua vez, o risco de que os possíveis efeitos patógenos (partículas, substâncias, bactérias e outros organismos) possam atravessar a barreira aumenta. Se isso ocorre na corrente sanguínea, a mesma resultará poluída e o fígado sofrerá uma sobrecarga, o que fará que diminua a sua capacidade depuradora e, portanto, nossa tolerância às substâncias químicas as quais somos expostos diariamente.

Essa permeabilidade permite que várias substâncias não compatíveis se manifestem e desafiem o sistema imunitário. A resposta imune que segue origina uma inflamação. Quando essa resposta inflamatória torna-se um estado permanente e repetitivo afeta a função de outros órgãos, incluindo o cérebro.

A proteína encarregada de modular a abertura ou o fechamento dessas uniões intercelulares é a zonulina, cuja função principal é regular o fluxo entre o intestino e a corrente sanguínea. Quando há um excesso de produção da mesma, a modulação se descontrola e as interligações se abrem perigosamente. De fato, analiticamente, essa molécula é considerada tal qual marcadora de muitas doenças autoimunes e de certos tipos de câncer.

Os dois desencadeantes desse excesso de produção são determinadas bactérias intestinais e o atualmente renomado glúten. De fato, o trigo tem muito a ver com essa questão. E quando digo trigo, estou me referindo a *isso* ao que seguimos chamando de trigo, apesar de que a partir dos anos setenta os geneticistas, em prol de mais produção, o tornassem uma espécie diferente, com uma composição bioquímica alheia a do trigo integral. Entre esses novos componentes destaca-se, e não precisamente por algo positivo, a gliadina que forma parte das proteínas do glúten e é a que está por trás dos problemas de saúde atribuídos a esse, como provocar que os níveis de zonulina se disparem, embora a pessoa não sofra da doença celíaca. Essa proteína, além disso, não só produz permeabilidade intestinal, também afeta a barreira hematoencefálica que se torna absolutamente vulnerável aos intrusos.

Atualmente, muitos estudos mostram uma relação direta entre a permeabilidade intestinal e as doenças autoimunes. Quando a barreira se enfraquece e a entrada fronteiriça se desborda tem início a confusão e o sistema imune, provocado pelos acontecimentos, reage demais e, perante a situação de alarme permanente, começa a produzir anticorpos em grandes quantidades que atacam ou "disparam" de um lado a outro, mesmo contra os próprios tecidos.

A inflamação é um elemento presente em doenças e transtornos tão desiguais como o diabetes, as doenças autoimunes, o câncer, a depressão, o autismo, a asma, a artrite, a esclerose múltipla, o Alzheimer e o Parkinson.

Até o TDHA apresenta por mecanismo subjacente a inflamação descontrolada (devida a detonantes como o glúten).

34 | *A Incrível Conexão Intestino Cérebro*

É absurdo pensar que se trata de um problema meramente neurológico porque, nesse caso, não teria razão de haver diferenças tão claras referentes à incidência do transtorno em diferentes culturas (é muito mais frequente nas culturas ocidentais). Sendo assim, é óbvio que existam fatores ambientais determinantes.

Em 2003, foi realizado um estudo revelador com um grupo de vinte crianças com diagnóstico de TDAH. A primeira metade foi subministrada com metilfenidato (fármaco psicoestimulante) e a outra metade foi tratada com probióticos (vou falar mais adiante deles) ácidos graxos ômega 3 e suplementos nutricionais. Ambos os grupos apresentaram resultados quase idênticos. Obviamente, o grupo de estudo foi muito pequeno, mas isso não invalida os resultados; mesmo que não se considerem concluintes, devem ser vistos como um indício claríssimo de algo que não deve ser ignorado.

Para aqueles que sofrem de má digestão, acumulação dolorosa de gases e outros desconfortos digestivos, recomenda-se realizar um perfil de disbiose para determinar a concentração de cada uma das espécies que conformam a flora intestinal e completá-lo com um estudo micológico para avaliar a presença de fungos, fermentos, minhocas. Pode se comer de forma muito sadia, porém, se a mucosa intestinal não estiver em boas condições não servirá muito; se não houver uma boa ecologia da microbiota, não se pode falar realmente em boa saúde.

Perante todos esses dados, a solução parece estar novamente na mudança de enfoque da medicina que nos leve a uma visão mais integradora. A alimentação, os hábitos e a ingestão de suplementos (como a glutamina, que é um aminoácido essencial com propriedades anti-inflamatórias e que favorece o crescimento e a reparação da mucosa intestinal, atuando como protetor e repelindo as irritações) são fatores chave e medidas simples que podem gerar trocas surpreendentes.

Fatores desencadeantes do desequilíbrio bacteriano

Existe, como já foi abordado, uma série de fatores determinantes que afetam diretamente a diversidade e o equilíbrio das bactérias intestinais. Trata-se de fatores cotidianos que irremediavelmente formam parte da nossa vida, pelo menos da vida de quem vive igual a nós, em sociedades ocidentais urbanas e avançadas.

Os antibióticos de amplo espectro e consumidos por via oral são bombas de destruição de massa, desequilibram dramaticamente o ecossistema bacteriano uma vez que, ao enfrentar os elementos patógenos, arrasam também com os micro-organismos benéficos. É preciso ficar atento, porque quando consumimos carne e peixe (estou me referindo ao peixe de fazendas pesqueiras) consumimos, sem saber, as enormes quantidades de antibióticos que têm sido subministradas aos animais.

A questão dos antibióticos é ainda mais delicada quando administrados em crianças pequenas, cuja comunidade bacteriana, como temos visto, está em pleno desenvolvimento.

Os antibióticos caem no meio desse jovem ecossistema feito um meteorito devastador e, se levarmos em conta a quantidade de doenças infantis que os pequenos desenvolvem nos seus primeiros anos, teremos por resultado um bombardeamento quase continuado de medicamentos. Com esse ataque indiscriminado, a variedade da microbiota da criança diminui ostensivamente marcando seu futuro perfil médico. Por outro lado, qualquer **fármaco** consumido durante longos períodos, ou prescrito para a vida toda, altera o equilíbrio bacteriano do nosso organismo. Entre esses fármacos, um dos mais nocivos é a pílula anticoncepcional. São amplamente conhecidos os numerosos efeitos secundários da famosa pílula e não vou enumerá-los aqui, mas vou sim lembrar que muitos estudos mostram a relação direta dos anticoncepcionais orais e os transtornos intestinais tais quais a doença inflamatória e a doença de Crohn.

É igualmente importante atentar para o abuso de **laxantes,** não apenas porque desequilibram o ecossistema intestinal, mas também porque "a função cria o órgão", isto é, se o trabalho é facilitado, o órgão se atrofia. Além disso, na realidade só afetam o sintoma, seus efeitos se limitam a provocar um espasmo que permite evacuar rapidamente uma parte das fezes acumuladas, enquanto que as matérias que levam mais tempo continuam aderidas à parede intestinal com todo o que isso comporta.

A água clorada. A explicação é simples: o cloro mata as bactérias indiscriminadamente e a água da torneira da maioria das cidades, chamadas civilizadas, chega a nós cheia de cloro. Felizmente, existe um remédio simples e econômico (os jarros com filtro), e há outros também muito efetivos, embora não tão econômicos, como os sistemas de osmose inversa (baseados em aumentar a pressão da água para que atravesse uma membrana que retém os nitratos e os metais pesados), os sistemas purificadores de água com raios ultravioletas (com várias etapas de filtração e que incorporam um tratamento de raios ultravioletas semelhantes ao utilizado pelas empresas de engarrafamento de água) ou os geradores de ozônio (introduzem o ozônio na água e a mesma, ao entrar em contato com ele, se esteriliza).

A alimentação. Não faz muito tempo, a Revista *Nature* afirmou abertamente em um dos seus artigos que os emulsionantes utilizados para dar consistência a praticamente todos os alimentos processados e alongar artificialmente a sua conservação (são os que na parte chamada "ingredientes" e com letra minúscula aparecem nomeados com uma E, um hífen e um número) alteram visivelmente a microbiota intestinal e provocam inflamação interna.

Michael Pollan, jornalista e escritor, colaborador habitual no *The New York Times Magazine*, autor de *El detective en el supermercado* e *Saber comer*, dentre muitos outros livros, tem afirmado: "... esses alimentos não estão feitos de comida e sim de substâncias parecidas à comida". Em breve, analisarei com mais detalhes esse tema.

O excesso de higiene. Para que o sistema imunitário desenvolva-se de maneira ideal é imprescindível que durante a infância se veja obrigado a enfrentar infecções. O sistema precisa delas para aprender e se fortalecer e, mesmo que a sua aprendizagem dure a vida toda, são os dez primeiros anos os que marcam a diferença. Dessa forma, as doenças infantis têm enorme utilidade nesse sentido, uma vez que ativam o sistema para que crie anticorpos que serão utilizados futuramente para bloquear diferentes infecções.

Devido aos estereótipos firmemente assentados sobre as bases das teorias de Pasteur que "criminalizavam" os micróbios em geral, e, que fizeram que pagassem os justos pelos pecadores – têm nos bombardeado com mensagens incorretas. Estamos convencidos de que uma casa onde habita um bebê deve ser um lugar semelhante a uma sala cirúrgica. Pegos pela paranoia desinfestamos tudo inúmeras vezes, inclusive os brinquedos, e afastamos a criança de animais de estimação com medo de alguma contaminação. Estamos menosprezando o nosso sistema imunitário que, ao estar no meio de um ambiente asséptico, ou perante qualquer infecção grave fica paralisado porque esqueceu todo o protocolo de atuação. Cada vez é mais evidente que um entorno ultra-higiênico pode desencadear problemas de caráter imunitário.

Quando falamos de micróbios imediatamente aparece a conotação negativa. Vivemos em uma sociedade bacterofóbica, em que os grandes heróis são os antibióticos e os bactericidas, e, por isso temos nos tornado autênticos paranoicos obcecados pela desinfecção. E insisto: essa paranoia nasce da errônea visão reducionista que ao generalizar tem marcado todos os germens com a etiqueta de nocivos. Essa má reputação nos leva a destrui-los indiscriminadamente e essa "execução massiva" está trazendo péssimas consequências. Felizmente, as novas ferramentas moleculares têm descoberto (e ainda veremos muita coisa) quem são "os bons" e o fascinante universo que possuímos.

Pescando bactérias milagrosas nas poças

O científico britânico John Stanford, na sua busca por uma vacina contra a lepra, isolou uma bactéria encontrada em uma poça de terra em Uganda (sim, você leu corretamente: bactéria, poça, Uganda...parece louco, não é?). Na pesquisa também participava a sua esposa e colega Cinthya, quem naquela época sofria um transtorno pouco comum chamado doença de Raynaud. Trata-se de um transtorno dos vasos sanguíneos 'que afeta geralmente os dedos das mãos e dos pés. Esta doença provoca um estreitamento dos vasos sanguíneos quando a pessoa sente frio ou estresse. Quando isto acontece, o sangue não pode chegar à superfície da pele e as áreas afetadas se tornam brancas e azuis. Quando o fluxo sanguíneo volta, a pele fica vermelha e tem uma sensação de palpitação e de formigamento. Em casos graves a perda do fluxo sanguíneo pode causar chagas ou a morte dos tecidos'. Com esse quadro qualquer atividade da vida cotidiana poderia se tornar muito difícil para Cinthya, e os desconfortos eram contínuos.

Casualmente, depois de provar a vacina contra a lepra – ambos a inocularam – os sintomas da doença de Raynaud começaram a diminuir de forma espetacular. E a surpresa não ficou por aí. Os Stanford começaram a tratar com esta bactéria outros membros da família com o mesmo problema e mesmo com problemas de saúde mais graves (dentre eles um caso de câncer com resultado de diminuição espontânea) todos melhoraram.

A chave está, simplesmente em que esta bactéria reequilibra um estado inflamatório provocado por disbiose.

Uma vez mais se demonstra que o nosso erro de base está em acreditar que o sistema imune nos protege matando micróbios quando, na realidade, o que acontece é que os micróbios são os que controlam o nosso sistema imune. *Do equilíbrio deles depende o bom funcionamento do sistema.*

A contaminação eletromagnética. Mesmo que pareça surpreendente, o intestino é um dos órgãos mais vulneráveis perante esse tipo de contaminação (junto com o cérebro e o coração). Embora hoje seja praticamente impossível fugir dela (vivemos emaranhados em uma série de fios invisíveis), pequenos gestos como desconectar telefones celulares e o wifi antes de deitarmos e manter o quarto livre de aparelhos eletrônicos, podem fazer uma grande diferença. E não esqueça de que os aparelhos desconectados também emitem radiações, tire-os da tomada quando você não os esteja usando, especialmente os computadores e os carregadores de telefones celular.

O espetacular aumento das **cesarianas**. Na minha opinião esse aumento tem muito a ver com a vida moderna e seus parâmetros. É infinitamente mais confortável e mais fácil de encaixar nos apertados "programas" de doutores, pais e empresas (melhor programar uma licença do trabalho com exatidão). Vivemos na inconsciência e, com frequência, nem imaginamos as consequências das decisões que consideramos "sem importância".

O alarmante **descenso** da **amamentação**. Já falamos de como o método da criação que você escolhe para seu filho vai marcar a saúde dele durante toda a vida. Segundo a doutora Rochellys Díaz Heijtz, do Instituto Karolinska do Instituto do Cérebro de Estocolmo, em um dos seus artigos: «Os dados mostram que existe um período crítico nas primeiras etapas da vida nas quais os micro-organismos intestinais afetam o cérebro e mudam o comportamento na vida adulta". É uma questão, portanto, muito mais transcendental do que muitos estão dispostos a admitir.

O estresse. A relação intestino-cérebro é ativa em ambas direções e o cérebro pode também se voltar contra o seu vizinho de baixo, gerando uma série de reações em círculo que vão somando e fazendo crescer a bola de neve. Por exemplo, quando vivemos uma situação que gera estresse, nosso cérebro envia uma mensagem às glândulas suprarrenais para que liberem cortisol. Este hormônio é o encarregado de fazer que o organismo libere glucose no sangue para enviar quantidades massivas de energia aos músculos (que se preparam para a fuga ou a defesa. É uma resposta primitiva). Simplificando a história poderíamos dizer que, o organismo se concentra na resolução dessa situação de alarme, e "negligencia" o resto das funções. Embora a ameaça não seja real, o corpo vai se encher de adrenalina e esteroides naturais e o sistema imunitário, para tratar de neutralizar os inimigos e recuperar o controle, vai secretar de forma abundante citocinas inflamatórias que são fatores determinantes nos transtornos neurodegenerativos.

Quando se trata de um sucesso pontual, uma vez resolvida a emergência toda a atividade fisiológica torna à normalidade de imediato, geralmente sem maiores consequências. Não obstante, se a situação se estende por mais tempo, o estresse crônico pode ser devastador, já que pelo fato de provocar que dure mais o estado orgânico de alerta (que por natureza deveria ser pontual), os níveis de cortisol no sangue aumentam muito e o sistema imunológico se deprime consideravelmente.

42 | *A Incrível Conexão Intestino Cérebro*

Corpo e mente esgotam-se e as funções sistêmicas do organismo começam a falhar. Poderia se dizer que o estresse agudo nos salva a vida, mais o crônico a tira de nós. Um dos primeiros afetados é o intestino que sofrerá permeabilidade e inflamação (e como já foi estudado, isso afeta o nosso estado de ânimo e, portanto, a problemática circular está instalada). O cortisol altera a ecologia do intestino.

Portanto, nessa roda de causas e efeitos que se encadeia até se confundir, o intestino, além de vítima pode se tornar protetor, uma vez que novamente uma microbiota sadia e equilibrada determinará a resposta do organismo perante essa situação. Em um estudo publicado em 2004 pela Revista *Journal of Physiology*, um grupo de pesquisadores japoneses afirmaram que os ratos sem microbiota intestinal reagiam exageradamente perante às situações de estresse e o nível de cortisol aumentava de forma muito rápida, e que essa resposta se revertia, quando era proporcionado a eles um composto de bactérias para colonizar seus intestinos. Esse e outros estudos semelhantes indicam, sem dúvidas, que o estresse pode ser controlado desde o segundo cérebro.

Assim, está comprovado que a exposição continuada ao estresse provoca mudanças na composição do nosso universo bacteriano. Concretamente, sabe-se que o número de bactérias nocivas aumenta desestabilizando toda a comunidade e afeta a função imune (não devemos esquecer que oitenta por cento das células imunocompetentes do ser humano se encontram no trato intestinal).

A partir desse ponto gostaria de reafirmar algo que considero muito importante e respeito ao qual temos uma especial cegueira. Estamos criando filhos estressados. Há algumas décadas era impensável que as crianças pudessem sofrer estresse crônico e, sem embargo agora, com a firme convicção de que é pelo seu bem e pelo seu futuro; no colégio os sobrecarregam de tarefas e nós os sobrecarregamos de atividades extraescolares para completar essa formação exaustiva que nos parece *insuficiente*. E, como já foi mencionado, o estresse afeta negativamente o equilíbrio bacteriano e, portanto, a resposta imune. Realmente, vale a pena que os filhos cresçam infelizes e acelerados e, porém, doentes, em prol de um futuro supostamente promissor? Optamos porque cresçam estressados e tristes, mas isso sim, em uma casa muito limpa, pois não queremos que "peguem" alguma doença. Sou a única que acha isso absurdo? Na minha humilde opinião, nós os estamos fazendo um terrivelmente mal.

III

A alimentação na forma de terapia

Você se lembra do filme Os Gremlins?
É melhor você vigiar o que você dá
de comer à sua tribo intestinal.

Está cada vez mais evidente que a saúde depende do que bebemos e comemos. E isso não exclui nem as chamadas patologias mentais, nem as doenças autoimunes, nem sequer o câncer. Sob o meu ponto de vista é triste, absurdo e indignante o fato das doenças que causam maior número de mortes hoje (eu diria que causam um escandaloso número de mortes) não sejam precisamente doenças contagiosas, apesar de que se poderia falar em epidemia. Em verdade, trata-se de doenças ambientais, devidas em grande parte aos maus hábitos, portanto, são doenças evitáveis.

Talvez hoje vivamos mais tempo, mas certamente não em melhores condições. Todos tememos a velhice porque a consideramos inevitavelmente uma etapa cheia de doença, incapacidade e dor.

46 | *A Incrível Conexão Intestino Cérebro*

Dois terços das respostas do nosso sistema imune começam no intestino. Mais de setenta por cento do nosso sistema imunológico está neste órgão que é a interface entre o mundo exterior e o nosso organismo. Por isso, é fundamental saber de que maneira e de que se nutre uma microbiota sã. Ainda há muito que descobrir, mais existem provas sólidas que convidam a seguir analisando a sua relação direta com as potenciais funções e capacidades do segundo cérebro, e a possibilidade de regulá-las pela alimentação e pelo estilo de vida. Hoje, mais do que nunca, está sendo servida numa bandeja a oportunidade de ouro: a de nos alimentarmos terapeuticamente sem perder o prazer de comer.

As espécies que compõem nossa microbiota variam de um indivíduo para outro como se se tratasse de planetas diferentes. A colonização, mencionada anteriormente, começa no momento de nascer e a variedade de colonizadores depende de múltiplos fatores, iniciando pela nossa maneira de vir ao mundo (via vaginal ou por meio de cesariana). Além disso, modifica-se com o passar do tempo e devido a agentes externos e a hábitos pessoais.

Quando falo de agentes externos me refiro, infelizmente, a agentes daninhos que dizimam os micro-organismos benéficos e fazem com que um ecossistema saudável torne-se uma autêntica fábrica de doenças. Para poder compensar o ataque constante em que temos nos acostumado a viver contamos com uma arma que, sabiamente utilizada, pode resultar muito efetiva: a alimentação.

Uma parte do mundo morre de fome e a outra parte morre intoxicada, pouco a pouco, pelo que come. E não é que o corpo não nos envie sinais de advertência dessa intoxicação, o que acontece é que o envenenamento está tão "normalizado" em nossas vidas que nem sequer notamos quando nos sentimos mal. O intestino é um órgão pouco glamoroso e poucos comentamos nossos mal-estares quando implicam o estômago e as suas funções. Assim, consideramos habituais, generalizados e até anedóticos, transtornos que não deveriam sê-lo e que inspiram muito mais importância do que imaginamos.

Respeito à nutrição – o ser humano médio, habitante do primeiro mundo, se caracteriza por estar sobrealimentado e, contudo, malnutrido. Pode se dizer que nossos nutrientes básicos são o oxigênio, a água e os alimentos. E, infelizmente, hoje os problemas já começam com o primeiro, com o simples ato de respirar.

Temos problemas para respirar, o fazemos mal. A respiração mais habitual é a peitoral e, na realidade, é uma respiração provocada pelo estresse e que, por sua volta, não favorece em nada o relaxamento. É uma respiração superficial e, de certa forma, incompleta. A autêntica respiração é a diafragmática que envolve o diafragma e a parede abdominal. Se conseguirmos automatizar essa respiração ativamos e oxigenamos o corpo todo.

Em relação ao tema deste livro, é especialmente benéfica, uma vez que supõe uma massagem contínua para os órgãos abdominais, estimulando a motilidade intestinal.

De fato, para a medicina tradicional chinesa a respiração abdominal consciente é a base indiscutível do equilíbrio energético e, portanto, da saúde.

Em relação à água, é de conhecimento universal a sua grande importância para o nosso organismo. Em relação às

48 | *A Incrível Conexão Intestino Cérebro*

quantidades recomendadas, a cifra oscila de um especialista para outro, mas perante a dúvida vamos simplificar o máximo possível: é preciso beber MUITA água. Para estabelecer um parâmetro razoável, à parte a brincadeira, existe uma fórmula aplicada por numerosos naturopatas que consiste em dividir o peso em quilogramas entre trinta e o resultado será a quantidade de litros que deveríamos beber ao dia. Por exemplo, 60Kg divididos por trinta, dão por resultado 2 litros de água. Existe um estudo muito eloquente sobre o "estômago" do primeiro mundo.

Foram estudadas comparativamente a microbiota dos habitantes de uma aldeia africana (os Hadza, caçadores-coletores) e a de um grupo de cidadãos urbanos italianos. De certa forma, se tratava de comparar o intestino "antigo" e o moderno. Os resultados foram muito claros. A primeira era muito mais rica e equilibrada que a segunda. Infelizmente, a alimentação moderna é sinônimo de alimentação processada e esta é justamente a que mais alimenta os piores habitantes do nosso intestino. Estamos pagando o fato "evolutivo" de ter passado, em poucas gerações, de caçadores-coletores e agricultores a estar complemente desvinculados da vida selvagem.

A dieta humana estava baseada na caça e na recolecção e estava composta por plantas selvagens, carregadas de fibra pura e sem os nefastos aditivos que trouxe a civilização, carne e peixe, animais que por sua volta estavam sadiamente alimentados.

Com a chegada da agricultura o cardápio experimentou grande mudança, o homem foi ensaiando, provando e implementando técnicas muito seletivas que a um nível muito sutil começaram a modificar as frutas e as verduras coletadas. Começou-se também o cultivo de cereais: o trigo e o arroz.

Os animais consumidos já não eram apenas os caçados, também os criados na comunidade por grãos cultivados, e o homem se animou a consumir o leite dos seus animais. A Revolução Industrial revolucionou os hábitos de alimentação. Na realidade, em relação à nutrição, nos últimos quatrocentos anos temos pulverizado a alimentação natural. A mudança tem sido radical e vertiginosa, a nossa dieta agora se baseia principalmente em comida altamente processada (e digo "comida" porque o termo "alimento" não seria muito correto nesse caso).

Uma comida sem nutrientes e hiper-higienizada (é preciso pensar que o excessivo cuidado com a higiene não é para salvaguardar a sua salubridade, mas sim para retardar a data de vencimento).

O "primeiro mundo" vive intoxicado, submetido a um envenenamento paulatino. Justin e Erica Sonnenburg resumem isso, com muito engenho, no seu libro *El intestino feliz*: "Se as nossas bactérias pudessem passear por um supermercado qualquer com a missão de encontrar o que comer, enfrentariam uma situação semelhante à de um ser humano que tenta encontrar comida em uma loja de ferramentas".

Os nossos micro-habitantes estão morrendo de inanição. Nesses momentos os micróbios sobreviventes são, majoritariamente, aqueles que se fortalecem e se multiplicam em um entorno tóxico, adicionando toxicidade à toxicidade. E, infelizmente, essa é a população que a maioria de nós está alojando e alimentando nas entranhas.

*Os patógenos não são a causa da doença,
mas procuram o seu habitat natural 'os tecidos doentes'.
Da mesma forma, que os mosquitos procuram
a água estagnada e putrefata, mas não são
a causa da putrefação da água.*

Rudolph Virchow
Médico alemão considerado o
fundador da patologia celular

A surpreendente microbiota da Tribo Hadza

Os Hadza são uma tribo ancestral composta de aproximadamente mil indivíduos, assentada no Parque Nacional do Serengueti, no grande Vale do Rift, na Tanzânia. A sua existência transcorre congelada no tempo, congelada em um tempo distante, um tempo de caçadores-coletores puros. Estudar a sua vida, os seus costumes, a sua dieta é como viajar à infância do ser humano enquanto espécie. Os Hadza são a reprodução vivente dos nossos antepassados, aqueles que viveram antes de ser implantada a agricultura.

Recentemente, uma equipe internacional de pesquisadores documentou o perfil microbiano único que apresentam os membros dessa tribo. A sua microbiota exibe riqueza e biodiversidade muito superior à microbiota dos ocidentais e completamente diferente a qualquer outra vista em uma população humana moderna.

A sua dieta, dependendo do que a mãe terra, sem intervenção humana (eles desconhecem a agricultura e, portanto, a pecuária também) lhes oferece em cada estação, consiste principalmente em tubérculos, sementes e frutas, mel e animais silvestres. Um dado curioso: a colônia bacteriana intestinal das mulheres é diferente à dos homens e, segundo o estudo, isso se deve ao fato dos homens se alimentarem mais de animais (são os caçadores), e as mulheres mais do que conseguem por meio da recolecção (isso seria algo equivalente a quando um homem pelo seu trabalho come fora de casa e a mulher dona de casa se dedica ao seu lar e come mais o alimento "caseiro").

E outra curiosidade: a sua microbiota carece completamente de bifidobactérias, fundamentais para um intestino saudável no primeiro mundo atual e, não obstante, em geral são indivíduos muito sadios. "Os Hadza não só carecem de 'bactérias saudáveis' e não sofrem das doenças que nos afetam, mas além disso, têm altos níveis de bactérias comumente associadas com doenças", afirma uma das coautoras do estudo, Alyssa Crittenden, antropóloga nutricional da Universidade de Nevada em Las Vegas.

Isso prova que as etiquetas saudável/não saudável dependem do contexto que habitamos, e que a microbiota é determinante em processos de adaptação e supervivência. Quer dizer que o ecossistema intestinal é porfiado e, no seu empenho pela sobrevivência, otimiza tudo o que aparece. Outro exemplo referente ao ecossistema intestinal nós encontramos no Japão onde muitos habitantes apresentam na sua microbiota uma bactéria que se alimenta de algas e que é muito pouco comum nas microbiotas ocidentais. Como as algas são um elemento comum na dieta nipônica, a microbiota dos habitantes japoneses tem evoluído e "gerado" bactérias que podem aproveitar essa abundante fonte de alimento.

E para complementar, eis outra interessante peculiaridade: segundo uma das conclusões finais do estudo, mais de trinta e três por cento das sequências de ADN obtidas na análise da microbiota dos Hadza não puderam ser colocadas em nenhum gênero bacteriano conhecido.

PRÉ-bióticos, probióticos, simbióticos: fique com estes nomes na sua cabeça

O que chamamos de pré-bióticos e de probióticos? Vou tentar explicá-lo de uma maneira muito simples, mesmo que irremediavelmente, esse parágrafo pareça muito com um trava-línguas. Os *pres* são a fibra e os *pros* são os fermentos (como os picles, o chucrute, o miso o tempeh...). Dito de outra forma, os primeiros são os ingredientes não digeríveis da dieta, os que chegam ao colón sem ter sido modificados pelos sucos gástricos. Ingredientes que estimulam o crescimento e a atividade dos micro-organismos vivos benignos – matéria viva, regenerativa – que em quantidades adequadas têm efeito muito favorável no anfitrião que os acolhe. Quer dizer, os pré-bióticos seriam os alimentos dos probióticos.

As bactérias gostam muito de fibra. Os lactobacilos favorecem a produção de vitaminas, eliminam os micro-organismos patógenos e, portanto, aliviam as infecções do estômago; reduzem os níveis de colesterol, favorecem o processo digestivo e melhoram a assimilação dos nutrientes.

E, seguindo com a chuva de prefixos, tem uma mensagem clara nessa nomenclatura: *probiótico = pro-vida. Antibiótico = anti-vida* (pelo menos em relação às bactérias.

Repito: *pelo menos*). Como dito anteriormente, é simplificador, tão simples quanto certo.

O microbiólogo ucraniano Élie Metchnikoff, prêmio Nobel de Medicina e Fisiologia em 1908, é considerado por muitos o pai do movimento probiótico, uma vez que foi o primeiro em intuir, desde os primeiros anos do século passado, a existência de bactérias amigas. Com lucidez visionária previu que as bactérias benéficas poderiam se implantar no trato intestinal pela ingestão de fermentados. A sua ideia surgiu ao constatar a longevidade generalizada entre os camponeses búlgaros, longevidade que vinculou com o seu consumo de leite azedo. Na mesma direção, mas em sentido contrário, Metchnikoff chegou à conclusão de que as causantes diretas do envelhecimento eram as bactérias tóxicas que povoam o nosso intestino. O seu livro, *La prolongación de la vida* está baseado em suas pesquisas sobre a longevidade e nas suas páginas analisa como aquelas populações, cuja alimentação cotidiana incluía grandes quantidades de fermentados, a imensa maioria dos anciãos, alguns deles centenários, tinham uma vida ativa e saudável.

Metchnikoff tornou-se o principal defensor do valor terapêutico da dieta correta e da capacidade que tem certos alimentos de defender o corpo da invasão de patógenos e, como consequência, melhorar e prolongar a qualidade de vida. Além disso, desenvolveu a primeira fórmula terapêutica, em forma de comprimido oral, utilizando lactobacilo (quase poderia se dizer que esse foi o primeiro suplemento alimentar elaborado).

A dieta perfeita para equilibrar a microbiota é aquela rica em pré-bióticos e probióticos e pobre em proteína animal

54 | *A Incrível Conexão Intestino Cérebro*

e açúcares rápidos. Como já mencionado, os pré-bióticos alimentam e mantêm sadios os probióticos e estes aumentam a nossa biodisponibilidade de minerais e a produção de neuroquímicos, por citar dois pontos interessantes na longa lista de propriedades.

Ao contrário, as dietas pobres em fibra (pratos pré-cozidos, refrigerantes, geleias, sucos de caixa...), favorecem a disbiose intestinal ao aumentar as bactérias intestinais patógenas que segregam tóxicos em detrimento das bactérias intestinais benéficas. Estes tóxicos segregados pelas bactérias patógenas podem modificar a morfologia e o metabolismo das células intestinais, favorecendo o crescimento das células intestinais cancerígenas e, segundo vários estudos, essas substâncias podem estar diretamente relacionadas a certos tipos de enxaquecas associadas a certo tipo de dietas (esse é o caso das aminas).

Assim, se falamos de alimentos, a chave está na escolha, se você tem a sorte de viver no primeiro mundo, o que come é uma questão de opção. Você é o único responsável. Você escolhe os componentes do seu cardápio diário, portanto, depende de você que aterrissem na sua microbiota os heróis ou os vilãos. Se preferir os primeiros, as bactérias amigas estarão protegidas e a sua saúde e seu bem-estar estarão garantidos.

O intestino é o lugar onde se realiza a alquimia entre o que comemos e o que passa a fazer parte de nós na condição de seres humanos, e podemos controlar essa alquimia se configuramos de forma ideal a comunidade bacteriana que nos habita.

Levando em conta tudo o que dissemos até o momento, o alimento ideal para cuidar da nossa microbiota (e, portanto, para cuidar da nossa saúde física e mental) seriam os simbióticos.

Os simbióticos são alimentos altamente funcionais nos quais estão presentes tanto os *pre* quanto os *pro* que interatuam potenciando mutuamente seu efeito (esse é o caso do kéfir, por exemplo). Esse grande potencial sinérgico ainda não tem sido estudado em profundidade, mas as primeiras pesquisas estão produzindo resultados excelentes uma vez que, ao consumir simbióticos, os probióticos chegam ao intestino devidamente acompanhados pelas substâncias que favorecem o seu crescimento (os pré-bióticos), o que ajudam a colonização. Um exemplo perfeito de alimento simbiótico seria o leite materno.

Os pré-bióticos, os probióticos e os simbióticos são alimentos funcionais, isto é, alimentos que funcionam tais quais medicamentos no que se refere a propriedades (pelos seus componentes biologicamente ativos), mas a diferença desses estão livres de efeitos secundários. O modo pelo qual esses três grupos de alimentos beneficiam o nosso estado de saúde, em geral, demonstra a impactante capacidade que possuem os micro-organismos para regenerar e potenciar a vida perante a destruição e a doença. De acordo com a Bíblia, a surpreendente longevidade de Abrão (segundo a história sagrada, chegou a completar cento e setenta e cinco anos) era atribuída ao consumo de "leite azedo". E durante o Império Romano, o chucrute foi um alimento muito valorizado, consumido com frequência e considerado elemento de boa saúde.

De fato, no contexto atual de maus hábitos e alimentação à base de não alimentos, recuperar a saúde deveria nos levar de volta às práticas de fermentação das culturas tradicionais. E de novo insisto: não só a saúde orgânica, também a saúde mental e emocional. A esse respeito, as pesquisas têm demonstrado que a nossa dieta tem um efeito direto e evidente sobre os níveis de lipopolisacáridos (LPS) no sangue. LPS são toxinas inflamatórias de origem bacteriana que consiste na combinação de lípidos (gorduras) e açúcares, cujo habitat natural é o intestino (são um importante componente estrutural em muitas das bactérias que o povoam), mas que filtrados na corrente sanguínea induzem a uma resposta inflamatória muito agressiva que subjaz em muitas das chamadas doenças mentais e em muitos dos transtornos emocionais. De fato, a relação entre depressão e níveis elevados dessas toxinas (LPS) está mais do que comprovada. Em efeito, vários estudos indicam que o nível de LPS no sangue se reduz até trinta e oito por cento após um mês de dieta tradicional à base de pré-bióticos e probióticos.

Para ter um organismo sadio é suficiente manter uma dieta equilibrada evitando alimentos processados e prejudiciais (cada vez mais conhecidos pelo grande público graças às redes de informação que vão muito além do que a indústria quer que saibamos a acreditemos), mas no momento em que aparecem as perturbações e os transtornos (diarreia, prisão do ventre, inchaço, gases dolorosos…) o consumo desses três grupos de alimentos pode ser de grande ajuda, assim também a suplementação com produtos elaborados.

A medicina alopática não dá muita atenção aos suplementos alimentícios e, por isso, não existem muitos estudos científicos clínicos que apresentem "oficialmente" a sua eficácia. Contudo, de acordo com a medicina integrativa são uma possibilidade muito interessante que, mesmo não podendo substituir o alimento, podem incrementar os valores nutritivos e ajudar a suprir algumas carências em curtos períodos. Logicamente, sempre com supervisão profissional.

A kombucha, um superalimento que está se tornando a refeição de moda

Esse chá fermentado de aspecto pouco apetecível, cujo consumo está se impondo entre os mais vanguardistas defensores da revolução alimentícia é, na realidade, uma poderosa colônia simbiótica de bactérias e fermentos. E mesmo que esteja na moda, o certo é que pelo ano 200 a.c, na China, já era muito apreciada como bebida curativa e estimulante onde é conhecida como o "elixir da vida".

Segundo a lenda o nome vem do sábio monge tibetano Kombu, excelente naturista quem deu a estranha bebida ao imperador para que ele a provasse e lhe deu de presente o cogumelo. O monarca, feliz com seus efeitos, estendeu a elaboração por todo o império.

A bebida tem um sabor ácido e refrescante que não tem nada a invejar às bebidas pouco saudáveis com gases artificiais. Além dos probióticos, contém também vitaminas do grupo B e enzimas digestivas. Um nível ótimo das primeiras mantém o estresse e a ansiedade no limite, alivia a síndrome pré-menstrual e melhora a memória (entre as muitas propriedades vinculadas ao sistema nervoso).

As segundas, por outro lado, são imprescindíveis para decompor o alimento em moléculas para que os nutrientes possam ser absorvidos com mais facilidade.

Os alimentos favoritos das bactérias benéficas

Frutas e verduras frescas de temporada. No que diz respeito às frutas também não precisa idealizá-las ao extremo e consumi-las sem limites, como se fossem sempre benéficas. Precisamos estar atentos à frutose que não deixa de ser açúcar. Já no caso das verduras é preciso pôr atenção em seu cozimento. O ideal seria comê-las cruas, mas em caso de cozinho, é sempre preferível fazê-lo ao vapor.

Os frutos secos, em relação às frutas, é a opção ideal, pois além de se eliminar o problema da frutose, os frutos secos são excelentes pré-bióticos e incrementam os níveis de serotonina.

Aveia. Ótimo exemplo de alimento funcional que mantém sob controle o mau colesterol, tem um efeito calmante sobre a mucosa gástrica e ajuda a equilibrar a microbiota intestinal.

Batata doce. Além de fibra aporta betacarotenos que melhoram o estado das mucosas intestinais.

Chufa. Também na sua versão líquida, a deliciosa orchata (sempre que seja orgânica e sem açúcares adicionais). A chufa proporciona grandes quantidades de bactérias benéficas que estão concentradas, sobretudo, na pele do tubérculo.

Vinho tinto. Os seus polifenois têm não somente propriedades antienvelhecimento, mas também reforçam os micróbios amigos (eles gostam muito do bom vinho) e a sua atividade é anti-inflamatória. O polifenol natural das uvas, chamado reveratrol, retarda o envelhecimento e melhora a irrigação sanguínea cerebral. Além disso, consumir vinho tinto com moderação (uma taça por dia para as mulheres e duas para os homens) reduz os níveis de LPS no sangue.

Mel. É um alimento excelente para os micro-organismos bons. É preciso prestar atenção às marcas e às letras pequenas das etiquetas: nem todo mel é mel. Por outro lado, o uso é contraindicado em caso de candidíase.

Gorduras saudáveis. No que diz respeito à percepção, com as gorduras acontece uma coisa parecida ao que acontece com as bactérias; elas têm pago justas por pecadoras e, a má fama de algumas gorduras tem denegrido a imagem das demais. Grave erro, pois existem gorduras amigas que não prejudicam, pois são absolutamente necessárias.

De fato, estudos recentes têm apresentado que quando o nível do colesterol total no sangue é insuficiente, o cérebro não funciona do jeito que deve, isto é, tem demonstrado que os quem têm o colesterol baixo tem risco maior de desenvolver transtornos neurológicos. Para o cérebro, o colesterol é um nutriente essencial, é o seu combustível, e a sua carência está associada a uma deficiente função cognitiva (sobretudo com problemas de atenção e concentração, raciocínio abstrato e fluidez verbal). Entre essas gorduras saudáveis aconselho: o azeite de coco prensado a frio e orgânico (um autêntico supercombustível cerebral e, além disso, é termoestável, ou seja, não oxida quando aquecido, o azeite de oliva orgânico, o peixe azul selvagem, nunca de aquicultura, o abacate, os frutos secos, as sementes e o cacau.

Probióticos

Dentro desse grupo destacamos:

- **Alga espirulina.** Alimento vivo que ajuda, com grande eficácia, a equilibrar o ecossistema bacteriano do nosso intestino. Além disso, aporta uma ampla variedade de nutrientes: betacarotenos, vitamina E, vitaminas do grupo B, manganésio, cobre zinco, selênio, ferro e ácido gama linolênico, entre outros. Outra vantagem, em nível culinário, é que na sua forma desidratada é um potenciador natural do sabor que você pode adicionar aos seus temperos para beneficiar tanto os seus pratos quanto os seus micro-organismos.

- **Miso,** tempeh e outros derivados da fermentação da soja. Seu consumo favorece o repovoamento da flora intestinal e fortalece o sistema imunológico. Estes são apenas alguns detalhes genéricos em relação ao intestino, porque no que diz respeito às propriedades do mesmo, poderíamos escrever um livro a parte. Não em vão, a mitologia japonesa aparece como um presente dos deuses aos homens para lhes garantir felicidade, saúde e longevidade.

- **Kéfir.** É uma bebida produzida a partir de leite fermentado, ou seja, de leite carregado de bactérias e fermentos e outros compostos orgânicos. Sobre a sua origem conta-se que foram os pastores nômades orientais os que o descobriram acidentalmente durante as suas longas viagens, em que muitas vezes o leite fresco se transformava numa bebida ligeiramente gasosa e de gosto agradável. Acredita-se que o termo "kéfir" deriva da palavra turca "keif" que significa sensação agradável. Possui um alto conteúdo em probióticos, entre eles um exclusivo chamado de lactobacillus kefiri, capaz de se enfrentar com sucesso a helicobacter pilori, também conhecida como "o demônio gástrico".

- **Picles e conservas** (pepinos em conserva, cebolas em vinagre, azeitonas fermentadas são uma excelente fonte de lactobacilos que está também isenta da carga de caseína e lactose que os fermentos lácteos têm em contrapartida. Seu consumo cria uma barreira de controle perante micro-organismos patógenos.

- **Chucrute**. É uma couve fermentada que contém micro--organismos muito benéficos para os nossos intestinos (como os leuconostocos ou os lactobacilos). Para citar apenas algumas das suas múltiplas propriedades diremos que reduz os níveis de triglicérides, reduz a degradação de gorduras no corpo, aumenta os níveis de dismutasa superóxido (SOD) e glutationa, dois antioxidantes muito potentes. Pode ser preparado facilmente em casa e no YouTube encontramos centenas de vídeos acerca do tema. Por outro lado, a sua grande contribuição em enzimas beneficia o fígado e o pâncreas. Além disso, a couve fermentada contém importantes vitaminas (A, B1, B2, C) e minerais (ferro, cálcio, fósforo e magnésio).

- **Kimchi**. Poderíamos considerá-lo um simbiótico. Na prática, é a versão coreana do chucrute. Pode ser preparado praticamente com qualquer vegetal e tem ótimas propriedades não só probióticas, também terapêuticas e nutritivas: é fonte de vitaminas (A, C, B1 y B2) e de ferro, cálcio e betacaroteno.

- **Vinagre orgânico.** Não é um probiótico em si, mas se prepara com ingredientes naturais orgânicos fermentados e seu consumo ajuda a manter o ph do estômago pela pectina que contém e favorece a digestão graças às enzimas e probióticos.

É preciso não esquecermos dos antibióticos naturais que são alimentos de origem vegetal que atuam contra as bactérias patogênicas (o alho e a cebola crus são excelentes. Também o gengibre, a cúrcuma, a canela e a pimenta).

Alimentos agressores

São praticamente todos os alimentos que estão nas estantes dos grandes comércios globalizados. Não acredito estar fazendo amigos entre os membros da insigne indústria da alimentação com essa afirmação, mas infelizmente esse é o panorama. Se tivéssemos de eleger, genericamente, os mais malvados do grupo, poderiam ser:

- **Trigo:** Não é a mesma coisa que sofrer intolerância ao glúten por ser celíaco, entender a diferença é importante. Os primeiros, quando ingerem glúten sofrem uma inflamação específica, mas em princípio sem danos intestinais, enquanto que os celíacos sofrem uma reação autoimune perante o glúten que agride o intestino. São sintomas idênticos para diferentes graus de gravidade.

- **Açúcar:** Faz quarenta anos que William Dufty publicou *The Sugar Blues,* um texto revolucionário sobre o consumo de açúcar e as suas consequências não somente físicas, mas especialmente psicológicas (uma obra que alcançou mais de um milhão e meio de exemplares vendidos). O título é eloquente, sugerindo um jogo de palavras utilizado para intuir o material que encontraremos no corpo do texto. Sugar é açúcar e *blues,* além de descrever a cor azul, em termos figurativos se traduz por tristeza, melancolia e, portanto, a um gênero relacionado diretamente com essas emoções.

Na obra Dufty descreve a relação entre o consumo de açúcar e a depressão e também à sua possível relação com outros transtornos mentais. O que acontece é que em 1975, ano em que se publicou a primeira edição, Dufty não tinha os dados que hoje são de domínio público e, mesmo que argumentasse de forma brilhante a relação, a sua hipótese acerca do porquê não era completamente certa, apesar de que obviamente intuía com muita razão os vínculos entre esses dois elementos.

Hoje existem inumeráveis estudos que não mais relacionam o consumo de açúcar à depressão, mas demonstram a evidência de que existe uma correlação direta entre os níveis de açúcar no sangue e o risco de sofrer demência (a referência não é somente em níveis dos diabéticos). Esses níveis refletem não somente o consumo de açúcar e carboidratos, também falam de um desequilíbrio no ecossistema bacteriano intestinal uma vez que algumas bactérias do intestino ajudam justamente a controlar os níveis de glicemia.

Está cada vez mais evidente que, a razão pela qual o consumo de açúcar é nefasto para a saúde emocional e mental, deve-se à avalanche de reações químicas que o açúcar desencadeia

64 | A Incrível Conexão Intestino Cérebro

e que desequilibra a proporção entre as bactérias amigas e as bactérias inimigas no nosso intestino. Mais especificamente, sabe-se que o açúcar funciona tal qual um estimulante para as bactérias ruins (e para os fungos e fermentos) enquanto inibe o desenvolvimento das bactérias boas.

IV

Emoções e Intestinos

Sobre borboletas, nós e chutes

Até pouco tempo acreditávamos que as experiências influíam diretamente no nosso cérebro, considerávamos a resposta emocional a essa experiência como um processo mental. Atualmente, sabe-se que a primeira resposta emocional a uma experiência é, na realidade, uma resposta "visceral" (confirmando o que a linguagem já parecia saber: nó no estômago, borboletas na tripa, chutes no fígado). As emoções se movem com total liberdade pelas nossas entranhas e, a partir daí, se expressam. Quase poderíamos falar de uma inteligência visceral com as suas luzes e sombras. As primeiras estariam relacionadas à vitalidade, à ação, à vontade (presença adequada de serotonina e dopamina) e as segundas com emoções reativas à raiva ou ao ressentimento (produção excessiva de bílis).

Ao falarmos de estado mental imediatamente pensamos no nosso cérebro. Depois de tudo, temos nos acostumado a considerar mente e cérebro tal qual uma mesma coisa e a mente se define como o "conjunto de atividades e processos

| 65 |

66 | *A Incrível Conexão Intestino Cérebro*

psíquicos conscientes e inconscientes, especialmente de caráter cognitivo". Não vou entrar em um tema tão complexo, e sobre o qual não tenho nenhuma autoridade para abordar, como o da posição física do que chamamos mente, psique ou mesmo alma, contudo, posso dizer como forma de aclaração, baseando-me nas últimas pesquisas a respeito, que para falar de processos cerebrais não racionais e de emoções ou mesmo de conduta também temos de olhar para os intestinos. Quer dizer, temos de olhar para o nosso segundo cérebro.

Todos assumimos como evidente a relação entre estados emocionais alterados e o mal-estar intestinal ("os nervos ficam grudados ao meu estômago", "passei mal", "me revirou o estômago"...expressões que, muitas vezes, utilizamos para descrever nossa reação física a um desgosto emocional. Isto é, todos temos mais ou menos claro que os estados psicológicos influem no metabolismo e nos processos digestivos e podem alterar a nossa flora intestinal, denominada, mais corretamente, de microbiota. O que parece novo e surpreendente é que o estado do nosso sistema digestivo afeta a função cerebral.

Hoje, diversos estudos, alguns deles publicados pelo prestigioso jornal (*The Journal of Clinical Investigation*) têm apresentado evidências sobre a possibilidade de que o equilíbrio entre bactérias boas e ruins dentro dos nossos intestinos influencie, em grande parte, o nosso comportamento e os nossos estados de ânimo.

Da mesma forma que o seu vizinho de cima, o cérebro intestinal é um completo armazém onde pode ser encontrada variedade de substâncias psicoativas diretamente relacionadas com os estados de ânimo. É o caso dos opiáceos, da serotonina, hormônio da felicidade (noventa por cento – você leu bem, noventa por cento! – são produzidos e armazenados no intestino) e da dopamina, considerada o neurotransmissor da aprendizagem e da recompensa, isto é, da motivação (cinquenta por cento é produzido pelo sistema nervoso entérico ou segundo cérebro).

Estudos recentes têm demonstrado também que o intestino sintetiza benzodiacepinas endógenas, compostos químicos de efeito tranquilizante e que são o princípio ativo utilizado na elaboração de medicamentos ansiolíticos (diazepam, lorazepam, valium, librium...). É o caso do interessante estudo realizado na Universidade de Modena. Nos laboratórios dessa universidade italiana o doutor Campiolo e a sua equipe, após realizarem várias experiências com ratos, acerca das benzodiacepinas produzidas pela colônia bacteriana intestinal, concluíram que é possível regular a concentração das mesmas no sangue, simplesmente integrando a dieta com probióticos e pré-bióticos.

Todos os medicamentos antidepressivos têm sido desenhados para recriar de maneira artificial essas substâncias químicas que atuam no cérebro. Agora que sabemos que esses mesmos neurotransmissores são produzidos nos intestinos, podemos inferir que o estado da nossa microbiota está inter--relacionado com o nosso estado de ânimo. De fato, a imensa maioria dos antidepressivos que se receitam habitualmente faz décadas funcionam inibindo seletivamente a receptação de serotonina, ou dito de uma forma mais simples: incrementando a quantidade de serotonina.

Além disso, acontece que o precursor da mesma, o triptofano, é regulado exclusivamente por bactérias intestinais.

68 | *A Incrível Conexão Intestino Cérebro*

O triptofano é um aminoácido essencial, ou seja, aminoácido que não é sintetizado pelo nosso organismo, mas obtido por meio da alimentação que cumpre importantíssimas funções. Entre elas as mais conhecidas estão relacionadas com o sistema nervoso, já que exerce sobre ele um poderoso efeito calmante. Estabiliza o estado de ânimo e combate a ansiedade, a depressão e os transtornos do sono. Tudo isso se deve, justamente, ao fato do triptofano ser o precursor da serotonina.

Os grandes inimigos do triptofano são os açúcares e as farinhas refinadas que alimentam as bactérias "ruins" da nossa microbiota e alguns fungos, e matam as "boas", encarregadas do metabolismo desse aminoácido, ou seja, existem bactérias ruins que degradam o triptofano, mas também existem bactérias produtoras de triptofano. Novamente, a luta entre bons e ruins que continuamente se dá em nossas entranhas. Dessa forma, eliminando ou reduzindo os produtos industrializados e cuidando da alimentação (o triptofano está presente em diversos alimentos cotidianos como a banana e os legumes) garantiremos, de maneira natural, um bom "fornecimento" de serotonina. Mais uma vez emerge a alimentação na forma de tratamento e cura.

A prisão de ventre, por exemplo, está diretamente relacionada com a falta de serotonina já que esta carência que, em nível cerebral provoca enfraquecimento e pessimismo, em nível intestinal limita a motilidade muscular, quer dizer, a prisão de ventre, de uma forma ou de outra, gera e reflete desconforto. Não estou me referindo somente ao desconforto físico, mas também ao psíquico, o que se traduz muitas vezes em uma situação de fraqueza, pessimismo e ausência de desejo sexual. Além do trânsito intestinal lento, aumenta a toxicidade tanto em nível orgânico quanto em nível emocional (normalmente as pessoas que sofrem de prisão de ventre são pessoas controladoras e perfeccionistas que, com frequência, carregam remorsos e rancores e com tendência a cair em estados depressivos).

Pelo contrário, as pessoas com tendência a sofrer diarreias (as que sofrem a síndrome do intestino irritável, por exemplo) normalmente são inseguras, nervosas, fóbicas... e mais do que cair em estados apáticos, são propensas aos ataques de ansiedade, pânico e à incidência de problemas de concentração. Mas como acontece esse processo? O transtorno marca a personalidade ou é a personalidade que marca o transtorno? Em definitivo, quem é o chefe nestes casos, o cérebro de cima ou o cérebro de baixo?

A atividade terapêutica da serotonina

- Efeito antidepressivo-ansiolítico
- Efeito indutor do sono
- Regula o comportamento (controle dos impulsos)
- Modula o apetite (está cientificamente comprovado que a bulimia está vinculada a um déficit de serotonina)
- Analgésico
- Motilidade intestinal e a secreção de líquido entérico

Levando em consideração esses elementos, é evidente o vínculo entre o segundo cérebro, nossas emoções e o nosso estado de ânimo. Com razão, o professor Gershon, diretor do departamento de Anatomia e Biologia Celular da Universidade de Columbia, considerado por muitos o pai da nova

70 | *A Incrível Conexão Intestino Cérebro*

e promissora disciplina científica denominada neurogastro-enterologia – nascida justamente a partir da descoberta da relação existente entre intestinos e cérebro – apareceu pela primeira vez no cenário científico-literário em um artigo da Revista *Guts*, publicado em 1999, falando a esse respeito. Autor do livro *El segundo cérebro*, já referenciado ao longo destas páginas, afirma:

"O Sistema Nervoso Entérico é um vasto armazém químico no qual estão representadas todas e cada uma das classes de neuro-transmissores que operam em nosso cérebro, e a multiplicidade de neurotransmissores nos intestinos sugere que a linguagem falada pelas células do sistema nervoso abdominal é tão rica e complexa como a do cérebro".

Talvez algum dia sejamos capazes de autogerar os remédios necessários ao bem-estar de nosso organismo, sem ter de recorrer aos medicamentos que causam dependência e efeitos secundários.

Acrediamos que os dados expostos acerca dos neurônios intestinais, os neurotransmissores e as benzodiacepinas falem por si sós. Não obstante, a imensa maioria dos psiquiatras da medicina convencional continuam apegados ao esquema simplificador que considera o cérebro tal qual o grande computador central e que, portanto, abordam os transtornos mentais e todos os desequilíbrios cognitivos como falhas nesse "dispositivo" (para eles as falhas são sempre desequilíbrios químicos dos neurotransmissores hospedados e produzidos no cérebro).

A árvore faz com que eles não vejam a floresta, ou talvez, levam tanto tempo observando a árvore que esquecem a imensa floresta que os circunda.

Na realidade, trata-se de um problema generalizado na medicina alopática onde as fronteiras entre especialidades são fortes e "sagradas". O que sabe um psiquiatra convencional a respeito do aparato digestivo? Leva décadas ignorando o intestino (fábrica endógena de serotonina) e exaustivamente assinando receitas de fármacos antidepressivos para aumentar de maneira artificial a produção da mesma. Isso, sem mencionar a displicência com a qual a maioria dos profissionais da psiquiatria tradicional observam pontos estreitamente relacionados com a saúde mental e emocional – até agora sempre associados com a medicina complementar ou mesmo com as técnicas de meditação, a alimentação orgânica, o *mindfulness*...

Quando falamos de saúde não podemos dividir o ser humano, é preciso uma abordagem holística. Agora os psicólogos podem e devem perguntar: O que você come?

Talvez a ampla revolução informativa e essa grande miscelânea que é Internet tenham trazido algo de confusão devido principalmente à ausência de filtros, que tem proporcionado o despertar da consciência para muitos campos. Estamos nos referindo a tempos difíceis para os corporativismos e para os "favores" mútuos entre gigantes, pois não basta colocar um dedo sobre os lábios para fazer calar os que questionam as verdades oficiais.

Irving Kirsch, diretor associado do Programa de Estudos do Placebo da Universidade de Harvard e professor emérito de psicologia nas Universidades de Plymouth no Reino Unido e de Connecticut nos Estados Unidos, publicou nas redes aproximadamente em 2002 um artigo incendiário chamado *Las nuevas drogas del emperador*. O título é sugestivo

72 | *A Incrível Conexão Intestino Cérebro*

e remete, num primeiro olhar, ao conto *El traje nuevo del emperador*, de Hans Christian Andersen. A partir dessa publicação, o conto tem se tornado o emblema do engano coletivo. Kirsch, da mesma forma que a personagem da história, aborda nesse artigo, com naturalidade, a manipulação de dados que permitiu a aprovação da comercialização de antidepressivos e ansiolíticos tão "famosos" como o Prozac ou o Paxil. E o texto mencionado foi apenas o início para que dele surgissem linhas de pesquisa e um livro (*The Emperor's New Drugs: Exploding the Antidepressant Myth*) que tem desencadeado discussões acerca do tema e, portanto, de tudo o que está vinculado com a doença mental e com a "sagrada" prática médica amplamente utiliza. Kirsch, em seu texto, ainda discute a visão biologista e reducionista que veta sistematicamente outros tratamentos complementares e integrativos.

A partir do momento em que se amplia o ângulo da câmara, quando o campo de visão se abre, deixando de lado preconceitos e verdades absolutas, é que aparece a luz, e, essa luz quase sempre ilumina algo muito mais simples. Queremos dizer que o grande problema da ciência é que tem se afastado da natureza e se perdido, buscando fora um manancial de cura que mora dentro do corpo humano.

Há muito tempo também se suspeitava que a conduta também depende de fatores não relacionados com o cérebro (ou com a mente) e não estou me referindo somente aos ambientais ou circunstanciais que, em definitivo, também têm sido associados a uma resposta na química mental. Um desses fatores é o estado da microbiota intestinal. De fato, surpreendentemente, no começo do século XX (1909 e

1910), foram publicados dois estudos em que se analisava "a influência das bactérias do ácido lático sobre a melancolia". E não muito depois, em 1930, o doutor G. Shera publicou um artigo no *Journal of Mental Science* em que explicava como, ao observar a flora intestinal de cinquenta e três pacientes psiquiátricos, tinha descoberto em todos eles a carência de duas bactérias: a *streptococcus* e a *acidophillus*.

Cada vez mais estudos estimulam pesquisas acerca das relações entre o sistema digestivo, a sua colônia bacteriana e as alterações de conduta, mesmo que a maioria dos psiquiatras se apeguem ao seu cetro e decidam ignorar esse caminho promissor.

Um dos estudos foi realizado pelo doutor M. L. Hibberd do Instituto do Genoma de Singapura em colaboração com os doutores R. Diaz-Heijtz e S. Petterson do Instituto do Cérebro de Estocolmo, publicado em 2011 pela Revista *Neurogastro-enterology and Motility*.

A pesquisa consistia em comparar as condutas de dois grupos de ratos. Um grupo A, composto por indivíduos nascidos em condições normais, e o grupo B, composto por indivíduos que tinham sido criados em um ambiente completamente livre de bactérias desde o momento mesmo do seu nascimento e que, por tanto, careciam por completo da microbiota intestinal.

As diferenças em relação à conduta ficaram evidentes (os ratos do segundo grupo começaram a mostrar um comportamento marcadamente temerário, por exemplo) e não só isso, também em relação aos fatores como a aprendizagem e a memória, ou seja, a ausência de certas bactérias na sua flora tinha gerado mudanças evidentes no seu desenvolvimento neuronal.

74 | *A Incrível Conexão Intestino Cérebro*

Outro estudo similar, mais eloquente, considerando que se tratava de um estudo com seres humanos, foi o realizado pelo doutor Vivek Rao na Universidade de Toronto, publicado em 2009 em gutpathogens.biomedcentral.com). Trinta e nove pacientes que sofriam de fadiga crônica fizeram parte do grupo de estudo. O grupo foi dividido em dois subgrupos e durante sessenta dias um deles foi tratado com um placebo e o outro com um probiótico (concretamente o lactobacillus casei shirota). Pois bem, após o tratamento esse segundo subgrupo experimentou um reduçao satisfatória nos níveis de ansiedade e depressão. Novamente, tornava-se evidente a relação entre microbiota e problemas psicoemocionais.

Laura Steenbergen e Lorenza Colzato da Universidade de Leiden realizaram um estudo sobre o efeito dos probióticos no estado de ânimo e mostraram que o consumo de diversos probióticos (procedentes de diversas cepas), durante pelo menos quatro semanas, reduz a sensação de angústia e a tendência a cair em pensamentos recorrentes. Essa tendência é um dos principais fatores de vulnerabilidade relativos à depressão. Os pensamentos recorrentes sempre estão associados a um estado de ânimo baixo ou muito baixo e normalmente antecedem ou acompanham os episódios depressivos. De acordo com esse estudo, os probióticos seriam não apenas valiosos enquanto tratamento do transtorno, mas igualmente preventivos.

Numerosas técnicas de limpeza intestinal, meramente físicas em aparência, têm por objetivo não só limpar os sedimentos aderidos ao intestino, mas também a "evacuação" de rejeitos emocionais. Este é o caso do *shank prakshalana*, uma técnica milenária do yoga que produz maravilhosos efeitos em nível físico (os efeitos a esse nível são previsíveis) e em nível emocional (mais surpreendentes quando se desconhece a estreita relação que temos exposto) como sensação de profunda paz, aumento da capacidade de concentração e atenção, melhora do estado de ânimo e aumento da autoestima.

Atualmente, a hidroterapia do colón também tem por objetivo a dupla depuração, isto é, a depuração orgânica unida a uma profunda limpeza de excedentes emocionais e cargas psíquicas. Michael Gerson vai muito mais longe e teoriza acerca da possibilidade de que esse segundo cérebro seja a "matriz biológica do inconsciente". Um fio surpreendente que precisaria ser puxado.

A psicologia biodinâmica de Gerda Boyesen

Segundo essa disciplina, criada pela psicóloga e fisioterapeuta norueguesa Gerda Boyesen (1922-2005), e baseada em grande medida nos princípios da medicina chinesa, os processos da mente e do corpo são absolutamente interfuncionais, até o ponto que cada órgão possui duas funções: uma fisiológica e outra emocional. Trata-se de uma psicoterapia com enfoque humanista e orgânico que parte da premissa de que, a mente, o espírito e o corpo funcionam feito uma unidade.

Em relação ao órgão que protagoniza este livro, ou seja, o intestino, essas duas funções seriam:

- Função fisiológica: o peristaltismo, ou seja, a função que permite digerir os alimentos (movimento intestinal produzido pelas contrações musculares rítmicas e coordenadas que facilita a progressão do bolo alimentário e depois fecal).

76 | *A Incrível Conexão Intestino Cérebro*

- Função emocional: o psicoperistaltismo, ou seja, a função que permite digerir os resíduos metabólicos dos conflitos emocionais mediante uma massagem chamada "biodinâmica" para permitir a "digestão das emoções". Porque os conflitos não devem ser digeridos somente com a mente, mas também devem ser digeridos, literalmente, com as vísceras.

Assim, as pesquisas mais recentes e de ponta em relação ao sistema nervoso entérico, ou seja, em relação ao novo segundo cérebro, não descobriram nada que o zen não soubesse, como já comentamos no começo deste livro.

Segundo o Tao, o intestino delgado digere tanto os alimentos quanto as emoções e seus transtornos estão, do mesmo modo, relacionados com situações existenciais que não podemos digerir.

No final, o intestino é um orgão de absorção, capacitado para assimilar e receber o que precisamos e preparar o nocivo para sua expulsão. O intestino grosso é o que o elimina (tanto em nível físico quanto em nível emocional).

Os princípios e técnicas da psicologia biodinâmica Boyesen estão baseados numa longa experiência em relação à prática e à pesquisa científica acerca do segundo cérebro, o cérebro intestinal e sobre o fluxo natural da energia vital.

Psicobióticos: bactérias contra a doença mental

Atualmente, os principais estudos no âmbito da microbiologia têm ampliado a atenção dos processos orgânicos e as suas possíveis disfunções aos processos mentais e emocionais, do mesmo modo os seus possíveis transtornos.

A atividade de muitos dos micróbios que vivem em nós, explicado anteriormente, pode influir tanto para o bem quanto para o mal em nosso comportamento.

Segundo publicação da *Society of Biological Psychiatry*, o termo psicobiótico foi criado por Ted Dinan e sua equipe de psiquiatria da Universidade de Cork na Irlanda, para denominar aqueles organismos vivos que, ingeridos em quantidades adequadas, produzem benefício em pacientes que sofrem de doenças mentais. Esse estudo tem mostrado, a partir dos experimentos com ratos, de que modo a atividade de certos probióticos como o bifidobacterium infantil favorece o correto desenvolvimento do sistema serotoninérgico, que de acordo com o que o nome sugere, é um sistema composto por neurônios sintetizadores de serotonina. Com esses estudos, Dinan e seus colaboradores têm providenciado a base clínica para aprofundar as possibilidades que oferecem os probióticos enquanto tratamento efetivo nas doenças mentais, considerando-se as novas descobertas – de integrar nutrição e a psiquiatria.

Já foi demonstrado que a disfunção serotoninérgica está diretamente relacionada aos transtornos de personalidade, transtornos afetivos, ao alcoolismo, aos transtornos de ansiedade, à esquizofrenia, aos transtornos da alimentação, ao transtorno obsessivo compulsivo e outros. E são muitos os psiquiatras holísticos que declaram diminuições desses transtornos, devido a uma mudança na dieta e na suplementação com probióticos, especialmente em pacientes que não respondiam a tratamentos farmacológicos convencionais.

Esses psicobióticos podem atuar sobre o nosso corpo feito mecanismos que regulam a nossa ansiedade e depressão, e estão disponíveis não só em farmácias, mas também na nossa alimentação. O intestino é o melhor lugar para começar a modificar esses estados de forma natural.

A neurobióloga Elaine Hsiao, professora do Instituto de Tecnologia de Califórnia, conseguiu melhorar as condutas autistas em ratos, por meio de sua alimentação. Ela conseguiu esse efeito alimentando os ratos com certas bactérias que moram nos nossos intestinos, mostrando que mudando a sua microbiota intestinal, as alterações da sua conduta autista melhoravam.

Todos os cientistas que pesquisam o terreno dos psicobióticos concordam que ainda há muito a ser descoberto, mas sem dúvida, estamos perante um dos grandes temas da neurociência clínica dos próximos anos que podem gerar uma autêntica revolução.

De acordo com a própria doutora Hsiao em um dos seus incontáveis seminários: "Estamos aprendendo tanto sobre como as bactérias afetam o cérebro e a conduta, que os psicobióticos não são ficção científica".

O autismo. Seguindo o rastro intestinal

Nos anos quarenta do século passado, um psiquiatra infantil, o austríaco Leo Kanner, começou a notar em algumas crianças características concretas e especiais que não pareciam fazer parte de nenhum transtorno psiquiátrico até aquele momento registrado. Características que os demais colegas só conseguiam vincular a uma possível esquizofrenia.

A patologia era claramente comportamental, as onze crianças com as quais começou a sua pesquisa não apresentavam deficiência mental e tinham capacidade de aprendizagem mais ou menos de acordo com a sua idade, mas viviam em um universo particular e misterioso, desconectados completamente do mundo exterior e rejeitavam ou ignoravam a comunicação.

Após estudar exaustivamente esse primeiro grupo de crianças e identificar uma série de sintomas comuns Kanner chegou à conclusão de que estava perante uma doença não diagnosticada até aquele momento. Batizou a doença de autismo do latim *autismus* e que vem do grego *autos*: "um mesmo"), adotando o termo do psiquiatra suíço Eugen Bleuler – quem o utilizou pela primeira vez em 1908 para descrever um paciente esquizofrênico que tinha se encerrado por completo no seu próprio mundo. Ele a definiu como um transtorno mental caracterizado por comportamentos repetitivos e caráter introvertido, quase antissocial, unido a marcadas dificuldades em relação à comunicação e à linguagem.

Em nenhum momento pensou em abordar o transtorno sob outro ponto de vista que não fosse o psiquiátrico. O que é lógico neste contexto porque, por um lado, essa era a sua especialidade e, por outro, tudo indicava que esse era o caminho certo.

Contudo, desde aqueles primeiros relatórios, nas fichas dos casos apareciam numerosas referências a desordens digestivas. As dificuldades para alimentar essas crianças, sobretudo bebês, eram tão desesperadoras, que provocaram a preocupação dos pais, mais do que os temas de comportamento e desenvolvimento. A prisão de ventre crônica, períodos de diarreia aguda, vômitos contínuos, intolerâncias e alergias alimentares, problemas de apetite... A relação entre a e b já era evidente, mas a questão chave coloca um problema de base na hora de tratar a pesquisa de clara conexão: o que provoca o que? Onde está o dano essencial e o dano colateral? Ou seja, o que vem primeiro, o ovo o a galinha?

Apesar dessas "dicas", no começo da pesquisa nenhum pesquisador pensou que talvez esses transtornos fossem a causa e não o efeito. Foi o doutor Bernard Rimland, o psicólogo e pesquisador fundador e diretor do Autism Research Institute quem, após décadas, entreabriu a porta para essa possibilidade. E fez isso mostrando a realidade em outro sentido. Lançou a hipótese, baseada na sua extensa experiência, de que os transtornos do espectro autista poderiam não ser um problema psicológico ou psiquiátrico, mas neurológico, e que era mais do que provável que houvesse algum mecanismo biológico subjacente no desenvolvimento do autismo. E, mesmo que na realidade ele não se referisse em absoluto a uma origem intestinal, pelo menos fez voltar os olhares até uma possível origem orgânica. Já estavam mais perto.

Nos últimos anos do século passado os pesquisadores noruegueses, Reichelt e Knivsberg, analisaram a interessante teoria do "excesso de ópio" ao encontrar na urina dos indivíduos com autismo altas concentrações de dois peptídeos – a gliadomorfina e a casomorfina, opiáceos produzidos pelo catabolismo, ou seja, a degradação de moléculas complexas a moléculas simples – do glúten e da caseína respetivamente. Na prática, muitas dessas crianças apresentam quadros de intolerâncias alimentares, especialmente ao glúten e aos lácteos.

Se existe um problema de intestino permeável essas substâncias, cuja estrutura química é muito semelhante ao ópio, se filtram na corrente sanguínea e a parte que não é expulsa pode chegar ao cérebro. A síndrome do intestino permeável é uma desordem muito comum entre os autistas.

Tendo por base esses resultados, os pesquisadores submeteram um grupo de crianças autistas a uma dieta livre de glúten e caseína durante um ano e todos eles apresentaram melhoria nos relacionamentos sociais e na capacidade de concentração.

Uma das razões que cada vez mais pesquisadores consideram o autismo uma desordem sistêmica mais do que mental, é o evidente aumento exponencial dos casos de autismo nas duas últimas décadas.

Atualmente, a taxa de crianças com algum transtorno do espectro autista é um por cada cento e sessenta e seis. O crescimento é alarmante se considerarmos que há apenas cinco décadas a incidência era de um por mil. Esses dados mostram como possíveis causas fatores ambientais, não tanto os fatores genéticos. Os estudos hoje enfocam não somente os transtornos de comportamento, mas também os sintomas físicos. Por isso, a função digestiva, sobretudo no que se refere ao chamado segundo cérebro, é hoje uma das principais linhas de pesquisa para determinar as possíveis causas

82 | *A Incrível Conexão Intestino Cérebro*

subjacentes de muitos transtornos no espectro autista. E são numerosos os estudos que apontam que uma intervenção dietética pode determinar considerável diferença.

As crianças que sofrem de autismo geralmente apresentam, em relação às crianças não autistas, níveis mais altos de bactérias clostridium que provocam a diminuição do número de bactérias amigas, sobretudo das bifidobactérias e que produzem ácido propiônico que é tóxico para o cérebro. O doutor Derrick F. MacFabe, pesquisador da Universidade de Western Ontario, que tem dedicado mais de dez anos da sua carreira ao estudo das implicações das bactérias intestinais no desenvolvimento do funcionamento cerebral, considera tais bactérias clostridiais as causas infecciosas do autismo. E os açúcares refinados são o alimento favorito desses diminutos inimigos.

Um estudo recente, dirigido pela doutora Elaine Hsiao, já mencionado, tem permitido aportar dados mais concluintes no que se refere à relação entre o desenvolvimento de transtornos mentais, especialmente o autismo e a microbiota intestinal.

De acordo com Hipócrates:

Toda doença começa no intestino.

V

Aprendizagem, Cognição, Sistema Motor e Memória

Para aprender, conhecer, se mexer e lembrar também que você precisa do seu intestino

Além da serotonina e da glutamina, entre outros, as bactérias intestinais produzem outro neurotransmissor vital, o glutamato, que intervém na maioria das atividades da função cerebral vinculadas com a cognição, a memória e a aprendizagem: o seu déficit é um dos valores associados ao Alzheimer. E essa não é a única relação surpreendente entre o sistema digestivo e as faculdades consideradas mentais. O Centro Médico da Universidade Rush publicou o resultado das pesquisas que os levaram a descobrir que a mesma proteína que controla o metabolismo da gordura controla também, desde o hipocampo, a memória e a aprendizagem.

Outro estudo semelhante foi implementado pelo Instituto Salk na Califórnia. Ao observar os resultados, um dos seus responsáveis afirmou:

84 | *A Incrível Conexão Intestino Cérebro*

"Temos demonstrado que as lembranças se constroem realmente em um andaime metabólico. Se quisermos entender a aprendizagem e a memória, é necessário compreender os circuitos que são a base e o motor deste processo".

Vamos deixar escapar esse oceano infinito de possibilidades? Um estudo realizado e publicado na Revista *Psychosomatic Medicine*, mostra como a principal responsável das úlceras gastrointestinais, tão comuns hoje nas entranhas "civilizadas", a helicobacter pylori, parece estar diretamente implicada na diminuição de faculdades cognitivas associadas à idade e mesmo no desenvolvimento do Alzheimer.

Tudo parece indicar que a helicobacter pylori, uma vez que traspassa a barreira intestinal, pode chegar a se infiltrar no cérebro. Essa bactéria pertence a esse grupo ambíguo, ou polivalente se preferir, de bactérias que podem ser benéficas ou prejudiciais, segundo o contexto e as circunstâncias biológicas. No seu lado mais amável, quando está no seu nicho ecológico e na quantidade ideal, ela é a encarregada de nos desintoxicar dos metais pesados e ajudar a manter a mucosa gástrica, mas quando se sente ameaçada (isso pode acontecer por múltiplos fatores) ou ataca ou se desloca até o cérebro produzindo novas lesões.

O "helicobacter" mantém ativo o nosso sistema imunológico que o identifica como invasor e, quando não está, podemos reagir de forma exagerada contra outros atacantes inofensivos como o pólen ou os animais de estimação. Você imagina como seria fantástico encontrar a dose justa e poder controlá-la? Estamos perante uma possível vacina natural contra as alergias?

Doenças neurológicas ou doenças intestinais? Parkinson e Alzheimer: onde começam?

Desde sempre o Parkinson tem sido considerado uma desordem degenerativa que provoca a morte das células nervosas de uma determinada zona do cérebro, a chamada substância preta, que é a zona que controla o sistema motor.

Até pouco tempo era qualificada tal qual uma doença de origem desconhecida, não obstante, mesmo que falte muito por pesquisar, o enfoque intestinal está abrindo caminho com eloquentes e esperançados resultados. Os fortes transtornos digestivos que a acompanham e que, às vezes, começam a se manifestar mesmo antes dos transtornos motrizes, fizeram com que os pesquisadores formulassem nova hipótese: o Parkinson talvez não somente afete os neurônios do cérebro, mas também os do nosso sistema nervoso entérico, ou seja, os neurônios das nossas "tripas".

O primeiro grande passo nessa direção foi dado em 2003 pelo doutor Heiko Braak, neuroanatomista da Universidade J. F. Goethe (Frankfurt) quem apoiou a hipótese, antes formulada por Michael D. Gerson em seu livro *The Second Brain* – de que o Parkinson começa no sistema nervoso intestinal e que, através de um lento processo degenerativo, chega até o tecido cerebral, cuja deterioração aconteceria na etapa final do processo.

Essa degeneração progressiva estende-se pelo nervo vago (eixo, como vimos no começo do livro, da conexão intestino-cérebro, e é por isso que acontece a deterioração da região cerebral conhecida por núcleo motor dorsal do vago. Os problemas intestinais aparecem anos antes que

86 | *A Incrível Conexão Intestino Cérebro*

sejam visíveis os primeiros transtornos motores. Essa ordem cronológica documentada invalida, portanto, a dúvida sobre o que é causa e o que é efeito; no caso do Parkinson parece estar claro que é no cérebro onde tudo começa.

Muitos profissionais da medicina tradicional têm chegado a essa hipótese quase por acaso. É o caso do gastroenterologista australiano Thomas Borody que de maneira acidental encontrou a relação existente entre as bactérias intestinais e o Parkinson. Um homem foi até o seu consultório sofrendo de prisão de ventre extrema e, depois de vários exames, o doutor Borody chegou à conclusão que aquele problema estava relacionado a uma infecção intestinal causada pela bactéria Clostridium difficile e, por sua vez, submeteu o paciente a um tratamento tradicional com antibióticos.

Acontece que esse paciente sofria Parkinson fazia quatro anos e, para surpresa de todos, ao mesmo tempo que desaparecia a infecção e melhorava o trânsito, também alguns dos sintomas do Parkinson começavam a diminuir.

Surpreso e entusiasmado, o gastroenterologista não perdeu as sete oportunidades que lhe foram apresentadas, personificadas em sete doentes de Parkinson com infecção intestinal – que confirmou aquela descoberta casual (seis deles apresentaram clara melhoria nos sintomas do Parkinson).

Esses primeiros resultados e constatações representaram o início de uma apaixonante trajetória. Atualmente, o doutor Thomas Borody é um dos nomes mais conhecidos no que se refere à revolucionária, mesmo que incipiente, técnica dos transplantes fecais. Esta técnica consiste em transplantar fezes de um doador sadio ao colón de um receptor com problemas intestinais.

Aprendizagem, Cognição, Sistema Motor e Memória | 87

É uma vacina de bactérias benéficas reclutadas para reinstaurar o equilíbrio, *uma espécie de exército de pacificação* intestinal muito competente nos processos inflamatórios desencadeados por disbiose. Trata-se de uma técnica inovadora que vem destruindo grande parcela de preconceitos.

Na realidade, o qualificativo "inovadora" não é completamente certo. O transplante de microbiota fecal já era praticado pelos médicos tradicionais chineses há quase dois mil anos, quando não tinham nem a mais remota ideia da existência do que nós chamamos microbiota. E, no que se refere aos poderes curativos do cocô (peço desculpas pelo termo), em algumas crônicas da Segunda Guerra Mundial conta-se como os beduínos do deserto norte-africano recomendavam aos soldados uma rara, mais efetiva dieta contra a desinteria: excrementos de dromedário.

O segredo desse método consiste em adicionar bactérias amigas, milhões, em lugar de eliminar bactérias hostis, ou seja, substituir os antibióticos por excrementos saudáveis. É repugnante e escatológico, sim, mais é efetivo e seu potencial é apaixonante.

Além disso, mesmo que o processo de seleção seja rigoroso e existam numerosos fatores eliminatórios desde a obesidade até o consumo recente de antibióticos, além claramente dos óbvios como sofrer doenças infecciosas, o processo para o doador é muito simples. Para ele é suficiente com que entregue os seus excrementos (assim como soa). Para o receptor supõe algo muito mais desconfortável já que a transferência ao receptor se faz por colonoscopia, enema ou sonda nasogástrica, todos eles procedimentos invasivos e que sempre implicam certo risco. Não obstante, não tardará chegarem as cápsulas. Pesquisas nessa área já estão sendo realizadas, e, segundo todos os indícios, as provas estão muito próximas de mudar a visão científica a respeito do tema.

Em relação aos resultados, está comprovado que em 94% dos casos de clostridium difficile o microbioma procedente das fezes de um doador sadio coloniza o intestino do receptor restabelecendo o equilíbrio do ecossistema bacteriano e eliminando a infeção. Na clínica de Borody dezenas de pacientes já obtiveram a cura de colites e da doença de Crohn.

A partir dos primeiros resultados causais em relação ao Parkinson, o gastroenterologista australiano tem começado a aplicá-lo, como terapia perante esse transtorno, com resultados muito promissores – embora ainda considerados anedóticos – constatados por neurologistas depois de revisões pós-tratamento. Mesmo que, em 2008, tenha acontecido uma remissão total.

Essa incipiente revolução não se refere apenas ao tratamento, mas igualmente aos métodos de diagnóstico que indicam o uso do intestino enquanto janela para se debruçar ao cérebro, pois que uma biopsia intestinal implica bem menos riscos do que uma biopsia cerebral (na realidade, poderia se afirmar que a intestinal é completamente segura).

Esse tipo de procedimento tem sido utilizado no hospital de Nantes desde o ano 2006 para diagnosticar o Parkinson, não somente devido à presença de sintomas, mas também como exame rotineiro em pacientes de risco, muitos anos antes de que comecem os problemas motrizes.

Depois de tudo o que temos visto e explicado sobre a relação entre intestino e emoções e acerca de inflamação e doenças mentais não seria errôneo inferir que os transplantes fecais podem chegar a ser efetivos também para combater transtornos como a depressão ou a ansiedade crônica ou mesmo o autismo. De fato, já começam a aparecer em prestigiosas publicações os interessantes resultados dos primeiros estudos ao respeito.

Em relação ao Alzheimer, é fácil chegar a conclusões semelhantes. O envelhecimento por si só produz alteração da microbiota, na realidade o envelhecimento vai acompanhado de todo tipo de alterações orgânicas. Infelizmente, a essa alteração do nosso ecossistema bacteriano que, por enquanto podemos considerar natural, temos de adicionar os danos causados pelas ingentes quantidades de medicação (incluídos antibióticos) que formam parte da rotina diária dos nossos idosos, o que piora ainda mais o estado intestinal.

Não é surpreendente que a regeneração do intestino, através de limpezas e mudanças na alimentação, tenha um efeito rejuvenescedor tanto em nível mental quanto em nível físico. De fato, as clínicas *antiaging* mais prestigiosas começam os seus tratamentos com uma limpeza intestinal. Na atualidade, está sendo contemplada a possibilidade – na prática, já começa a se implementar – de adicionar probióticos à dieta dos idosos para poder assim inibir a proliferação de patógenos e manter homeostase (conjunto de fenômenos de autorregulação que permitem a manutenção de uma relativa constância na composição e nas propriedades do meio interno de um organismo) da microbiota.

Hoje sabemos que há até três vezes mais lipopolisacáridos (toxinas inflamatórias de origem bacteriana) no plasma

90 | *A Incrível Conexão Intestino Cérebro*

de um doente de Alzheimer do que em uma pessoa sadia. Esta presença de LPS no sangue indica não inflamação geral, mas permeabilidade intestinal. Já temos, portanto, um fator que conecta o intestino com o Alzheimer, mesmo que nesse caso possamos cair no habitual dilema sobre a aparição cronológica da galinha e do ovo.

Felizmente, para colocarmos as coisas em ordem, pesquisadores como a doutora Molly Fox e a sua equipe da Universidade de Cambridge dirigem o olhar até outros fatores que eliminam essa dúvida em relação às causas e efeitos, fatores ambientais ou populacionais, por exemplo. Seus resultados são muito eloquentes. Acontece que em países com menos higiene a prevalência dessa doença é notavelmente menor que em países com alto nível de saneamento onde a cifra tem crescido de maneira exponencial nos últimos anos. Como vimos, ao enumerar as causas da disbiose, a "hiper--higiene" é uma delas: maior assepsia, menor diversidade de micro-organismos intestinais – outro dado que nos leva a pensar mais uma vez nesses diminutos habitantes. De fato, se neles está a origem, neles está a solução.

Não há dúvidas de que a chave reside no eixo cérebro-intestino-microbiota que marca, de um modo ou de outro, todo o nosso funcionamento orgânico. Talvez, algo tão simples como cuidar da imensa colônia de micro-organismos que alojamos, nos leve a erradicar doenças como o Alzheimer que tanta dor tem gerado nas famílias. Doenças, cujo diagnóstico, por enquanto, só temos a resignação.

Não há vida sem simbiose

Somos um ecossistema que habita outro ecossistema. O universo poderia ser um interminável jogo de bonecas russas. O ser humano que agora sabemos que é mais "ser" do que "humano", no seu cego afã de progresso, está devastando o ecossistema que o acolhe e também, segundo o que tudo indica, o microssistema que vive em suas entranhas. Com essses processos está também provocando a sua própria demência que não é outra coisa senão o preâmbulo maluco e doloroso de uma extinção.

A teoria da seleção natural tem trazido muita confusão, ou talvez o que tem trazido a confusão não seja a teoria em si, mas as interpretações reducionistas que pressupunham que a sobrevivência do mais forte tem a ver com a luta e o extermínio. Hoje se sabe que a força desse "mais forte" reside na sua capacidade de cooperação e simbiose: a natureza tende à autorregulação e nos mostra esse modelo. Dessa forma, a resiliência é a chave e ela depende em grande parte da comunidade e da cooperação que, como agora sabemos, são a essência da natureza mesma. De acordo com o doutor estadunidense em biologia celular Bruce H. Lipton, *"os organismos com maior capacidade de trabalhar conjuntamente são os que sobrevivem, posto que fazem perdurar o ecossistema"*.

Se há algo que está claro para mim, após ter escrito este texto, é que o poder de uma microbiota equilibrada reside na surpreendente capacidade que possuem as bactérias de atuar em grupo. Elas são capazes de se coordenar, de se comunicar mesmo por uma linguagem específica e estabelecer alianças

92 | *A Incrível Conexão Intestino Cérebro*

perante ataques inimigos e favorecer o desenvolvimento de espécies benéficas.

A vida, tanto em nível macro quanto em nível micro é uma dura concorrência, mas frequentemente a vitória vem da mão da cooperação e das tréguas. O meu admirado Bruce H. Lipton, pioneiro na revolução do pensamento, explica isso muito bem. Suas palavras parecem perfeitas para encerrar essa viagem simples e sem pretensões pela fascinante conexão intestino-cérebro que deixa tantas portas entreabertas – portas que convidam àqueles que não temem por acabar com certezas limitantes. "A evolução começou com a bactéria multiplicando-a e criando todo tipo de versões, mas todas elas sofriam dessa incapacidade de expandir a sua membrana, logo, por definição, a evolução parou porque não podia criar uma bactéria mais inteligente. Não obstante, a evolução encontrou outro caminho e esse outro caminho se chamou 'comunidade'. As bactérias começaram a viver em comunidades e geraram uma membrana ao redor dessas comunidades criando um mundo fechado. E as bactérias intercambiaram tarefas e já que havia diferentes classes de bactérias, interrelacionaram os seus ADNs...

Assim, nós não somos mais do que uma comunidade de bilhões de micro-organismos que formaram uma sociedade sob a nossa pele, porque os micro-organismos são um elemento vivo, ou seja, nós por definição somos uma comunidade. Eu não sou um indivíduo, sou uma comunidade, e no meu interior vivem bilhões de cidadãos".

Temos, portanto, duas opções: enfrentar e assumir o nosso autêntico ser ou continuar brigando com os fantasmas. A visão holística ou a obscuridade.

Referência bibliográfica

Al-Asmakh Maha, Farhana Anuar, Fahad Zadjali, Joseph Rafter, Sven Pettersson. *Gut microbial communities modulating brain development and function.* Gut Microbes. 2012 Jul 1; 3(4) 366-373.

Allen-Blevins Cary R., David A. Sela, Katie Hinde. *Milk bioactives may manipulate microbes to mediate parent-offspring conflict.* Evol Med Public Health. 2015; 2015(1): 106-121.

Annadora J. Bruce-Keller, J. Michael Salbaum, Meng Luo, Eugene Blanchard, IV, Christopher M. Taylor, David A. Welsh, Hans-Rudolf Berthoud. *Obese-type Gut Microbiota Induce Neurobehavioral Changes in the Absence of Obesity.* Biol Psychiatry. 2015 Apr 1; 77(7): 607-615.

Bischoff Stephan C. *'Gut health': a new objective in medicine?* BMC Med. 2011; 9: 24.

Bowe Whitney P, Alan C Logan. *Acne vulgaris, probiotics and the gut-brain-skin axis- back to the future?* Gut Pathog. 2011; 3: 1.

Cabou Cendrine, Remy Burcelin. *GLP-1, the Gut-Brain, and Brain-Periphery Axes*. Rev. Diabet Stud. 2011 Fall; 8(3): 418-431.

Candela Marco, Silvia Turroni, Elena Biagi, Franck Carbonero, Simone Rampelli, Carla Fiorentini, Patrizia Brigidi. *Inflammation and colorectal cancer, when microbiota-host mutualism breaks.* World J Gastroenterology. 2014 Jan 28; 20(4): 908-922.

Cani Patrice D., Claude Knauf. *How gut microbes talk to organs: The role of endocrine and nervous routes.* Mol Metab. 2016 Sep; 5(9): 743-752.

Carabotti Marilia, Annunziata Scirocco, Maria Antonietta Maselli, Carola Severi. *The gut-brain axis: interactions between enteric microbiota, central and enteric nervous systems.* Ann Gastroenterol. 2015 Apr-Jun; 28(2): 203-209. Correction in: Ann Gastroenterol. 2016 Apr-Jun; 29(2): 240. "O eixo intestino-cérebro (GBA pelas suas siglas em inglês) consiste na comunicação bidirecional entre o sistema nervoso central e o sistema nervoso entérico, um eixo que conecta as áreas emocional e cognitiva do cérebro com as funções intestinais periféricas. As pesquisas mais recentes descrevem a importância decisiva da microbiota intestinal nesta interação que parece ser bidirecional e na qual estão implicados o sistema neuronal, o sistema endócrino e o sistema imunológico. Nesta revisão relatamos as evidências disponíveis que demonstram a existência dessas interações, assim também os possíveis mecanismos patofisiológicos envolvidos. A maior parte da informação foi obtida por meio de estudos sobre probióticos, antibióticos e infecção, realizados com animais livres de gérmens. Nos ensaios clínicos as provas que confirmam esta interação microbiota-GBA provêm da relação entre a disbiose intestinal e os transtornos do sistema nervoso central (autismo, ansiedade, depressão...) e os transtornos gastrointestinais. Concretamente, a síndrome do colón irritável pode ser considerada uma das consequências da alteração destas complexas relações e mais compreensão destas alterações poderia abrir a porta para novas terapias específicas".

Carding Simon, Kristin Verbeke, Daniel T. Vipond, Bernard M. Corfe, Lauren J. Owen. *Dysbiosis of the gut microbiota in disease.* Microb Ecol Health Dis. 2015; 26: 10.3402/mehd. v26.26191.

Chen Xiao, Roshan D'Souza, Seong-Tshool Hong. *The role of gut microbiota in the gut-brain axis: current challenges and perspectives.* Protein Cell. 2013 Jun; 4(6): 403-414.

Conlon Michael A., Anthony R. Bird. *The Impact of Diet and Lifestyle on Gut Microbiota and Human Health.* Nutrients. 2015 Jan; 7(1): 17-44.

Coss-Adame Enrique, Satish SC Rao. *Brain and Gut Interactions in Irritable Bowel Syndrome: New Paradigms and New Understandings.* Curr Gastroenterol Rep. 2014 Apr; 16(4): 379.

Crittenden Alyssa, Stephanie L Schnorr, Marco Candela, Simone Rampelli, Manuela Centanni, Clarissa Consolandi, Giulia Basaglia, Silvia Turroni, Elena Biagi, Clelia Peano, Marco Severgnini, Jessica Fiori, Roberto Gotti, Gianluca De Bellis, Donata Luiselli, Patrizia Brigidi, Audax Mabulla, Frank Marlowe, Amanda G Henry. *Gut microbiome of the Hadza hunter-gatherers.* Nature communications. 2014/4/15.

De Angelis Maria, Ruggiero Francavilla, Maria Piccolo, Andrea De Giacomo, Marco Gobbetti. *Autism spectrum disorders and intestinal microbiota.* Gut Microbes. 2015; 6(3): 207-213.

De Palma Giada, Stephen M Collins, Premysl Bercik, Elena F. Verdu. *The microbiota-gut-brain axis in gastrointestinal disorders: stressed bugs, stressed brain or both?* J Physiol. 2014 Jul 15; 592(Pt 14): 2989-2997.

Diaz Heijtz Rochellys, Shugui Wang, Farhana Anuar, Yu Qian, Britta Björkholm, Annika Samuelsson, Martin L. Hibberd, Hans Forssberg, Sven Pettersson. *Normal gut microbiota modulates brain development and behavior.* Proc Natl Acad Sci U S A. 2011 Feb 15; 108(7): 3047-3052.

Distrutti Eleonora, Julie-Ann O'Reilly, Claire McDonald, Sabrina Cipriani, Barbara Renga, Marina A. Lynch, Stefano Fiorucci. *Modulation of Intestinal Microbiota by the Probiotic VSL#3 Resets Brain Gene Expression and Ameliorates the Age-Related Deficit in LTP.* PLoS One. 2014; 9(9): e106503.

Distrutti Eleonora, Lorenzo Monaldi, Patrizia Ricci, Stefano Fiorucci. *Gut microbiota role in irritable bowel syndrome: New therapeutic strategies.* World J Gastroenterol. 2016 Feb 21; 22(7): 2219-2241.

Dockray Graham J. *Gastrointestinal hormones and the dialogue between gut and brain.* J Physiol. 2014 Jul 15; 592(Pt 14): 2927-2941.

Doré Joël, Magnus Simrén, Lisa Buttle, Francisco Guarner. *Hot topics in gut microbiota.* United European Gastroenterol J. 2013 Oct; 1(5): 311-318.

Emeran A. Mayer, Tor Savidge, Robert J. Shulman. *Brain Gut Microbiome Interactions and Functional Bowel Disorders.* Gastroenterology. 2014 May; 146(6): 1500–1512.

Ericsson Aaron C., Craig L. Franklin. *Manipulating the Gut Microbiota: Methods and Challenges.* ILAR J. 2015 Aug 31; 56(2): 205-217.

Evrensel Alper, Mehmet Emin Ceylan. *The Gut-Brain Axis: The Missing Link in Depression.* Clin Psychopharmacol Neurosci. 2015 Dec; 13(3): 239-244.

Farmer Adam D, Holly A Randall, Qasim Aziz. *It's a gut feeling: How the gut microbiota affects the state of mind.* J Physiol. 2014 Jul 15; 592(Pt 14): 2981-2988. Todos temos experimentado de que maneira o estresse e a ansiedade afetam a função intestinal. Essas experiências têm uma crescente base científica que tem levado ao conceito de 'eixo intestino-cérebro'. "Não obstante, até pouco tempo não tinha sido percebida a influência ainda maior que o intestino exerce sobre a função cerebral e o comportamento. Aliás, cada vez há mais evidências científicas de peso que sustentam a hipótese de que o intestino e as bactérias que nele se alojam (que conformam a chamada microbiota), podem modificar o estado de ânimo e o comportamento (não obstante, estamos falando de conclusões obtidas principalmente a partir de estudos com animais). Nestas páginas descrevemos os componentes da microbiota e os mecanismos pelos quais ela pode influenciar o desenvolvimento neuronal, o comportamento e a nocicepção e apresentamos a excitante possibilidade de que a microbiota pode oferecer novo cenário de intervenção terapêutica em um amplo espectro de transtornos não só gastrointestinais mas também afetivos".

Ferreira Caroline Marcantonio, Angélica Thomaz Vieira, Marco Aurelio Ramirez Vinolo, Fernando A. Oliveira, Rui Curi, Flaviano dos Santos Martins. *The Central Role of the Gut Microbiota in Chronic Inflammatory Diseases.* J Immunol Res. 2014; 2014: 689492.

Foster Jane A, Mark Lyte, Emeran Meyer, John F Cryan. *Gut Microbiota and Brain Function: An Evolving Field in Neuroscience.* Int J Neuropsychopharmacol. 2016 May; 19(5): pyv114. "O suposto papel que a microbiota intestinal poderia jogar na função cerebral, o comportamento e a saúde mental têm conseguido atrair a atenção de neurologistas e psiquiatras. No vigésimo nono congresso mundial de Neuropsicofarmacologia, celebrado em Vancouver, Canadá, em junho de 2014, um grupo de especialistas apresentaram o simpósio 'Microbiota intestinal e função cerebral: relevância nos transtornos psiquiátricos' com a intenção de mostrar as últimas descobertas sobre como a microbiota poderia cumprir um papel chave na função cerebral, no comportamento e na doença. O simpósio abordou um amplo leque de temas tais quais a microbiota intestinal e a função neuroendócrina, a influência da microbiota sobre o comportamento, os probióticos como reguladores do cérebro e o comportamento e o eixo intestino-cérebro em humanos. Este relatório é um resumo das principais contribuições".

Fröhlich Esther E., Aitak Farzi, Raphaela Mayerhofer, Florian Reichmann, Angela Jačan, Bernhard Wagner, Erwin Zinser, Natalie Bordag, Christoph Magnes, Eleonore Fröhlich, Karl Kashofer, Gregor Gorkiewicz, Peter Holzer. *Cognitive Impairment by Antibiotic-Induced Gut Dysbiosis: Analysis of Gut*

Microbiota-Brain Communication. Brain Behav Immun. 2016 Aug; 56: 140-155. Published online 2016 Feb 23.

Frye Richard E., Shannon Rose, John Slattery, Derrick F. MacFabe. *Gastrointestinal dysfunction in autism spectrum disorder: the role of the mitochondria and the enteric microbiome.* Microb Ecol Health Dis. 2015; 26: 10.3402/mehd. v26.27458.

Gacias Mar, Sevasti Gaspari, Patricia-Mae G Santos, Sabrina Tamburini, Monica Andrade, Fan Zhang, Nan Shen, Vladimir Tolstikov, Michael A Kiebish, Jeffrey L Dupree, Venetia Zachariou, José C Clemente, Patrizia Casaccia. *Microbiota-driven transcriptional changes in prefrontal cortex override genetic differences in social behavior.* eLife. 2016; 5: e13442. "Assim, nossos resultados demonstram que a microbiota intestinal modifica a síntese de metabólitos chave, afetando a expressão gênica no córtex pré-frontal e, portanto, modificando o comportamento social".

Galland Leo. *The Gut Microbiome and the Brain.* J Med Food. 2014 Dec 1; 17(12): 1261-1272.

Gilbert Jack A, Rosa Krajmalnik-Brown, Dorota L. Porazinska, Sophie J. Weiss, and Rob Knight. *Towards effective probiotics for autism and other mental disorders?* Cell. 2013 Dec 19; 155(7): 1446-1448. "O objetivo final desta pesquisa obviamente seria encontrar um probiótico análogo que pudesse tratar os transtornos do espectro autista. As provas realizadas com ratos, que tinham sido induzidos quimicamente a um estado de ansiedade, indicam que talvez outras doenças mentais possam estar diretamente relacionadas com os metabólitos microbianos em soro. Se os probióticos como o Bacteroides Fragilis, que melhoram os metabólitos 'ruins' e com eles as consequências neurológicas negativas que os acompanham têm resultado relevantes em estudos com ratos, eles podem ter implicações extraordinárias na saúde mental do ser humano. A ativação maternal imunológica (MIA pelas suas siglas em inglês) tem sido relacionada com uma multiplicidade de estados, entre eles a depressão e a esquizofrenia (Knight et al., 2007) e vários estudos com animais indicam que os probióticos podem tratar a ansiedade e o transtorno de estresse pós-traumático. As terapias específicas baseadas no âmbito microbiano podem ser a chave para avançar na luta contra uma ampla gama de doenças psiquiátricas especialmente complexas".

Goldani Andre A. S., Susan R. Downs, Felicia Widjaja, Brittany Lawton, Robert L. Hendren. *Biomarkers in Autism*. Front Psychiatry. 2014; 5: 100.

Gonzalez Antonio, Jesse Stombaugh, Catherine Lozupone, Peter J. Turnbaugh, Jeffrey I. Gordon, Rob Knight. *The mind-body-microbial continuum*. Dialogues Clin Neurosci. 2011 Mar; 13(1): 55-62.

Goyal Manu S., Siddarth Venkatesh, Jeffrey Milbrandt, Jeffrey I. Gordon, Marcus E. Raichle. *Feeding the brain and nurturing the mind: Linking nutrition and the gut microbiota to brain development*. Proc Natl Acad Sci U S A. 2015 Nov 17; 112(46): 14105-14112.

Grenham Sue, Gerard Clarke, John F. Cryan, Timothy G. Dinan. *Brain-Gut-Microbe Communication in Health and Disease*. Front Physiol. 2011; 2: 94.

Holzer Peter, Aitak Farzi. *Neuropeptides and the Microbiota-Gut-Brain Axis*. Adv Exp Med Biol. 2014; 817: 195-219.

Houghton David, Christopher J. Stewart, Christopher P. Day, Michael Trenell. *Gut Microbiota and Lifestyle Interventions in NAFLD*. Int J Mol Sci. 2016 Apr; 17(4): 447.

Hsiao Elaine Y., Sara W. McBride, Sophia Hsien, Gil Sharon, Embriette R. Hyde, Tyler McCue, Julian A. Codelli, Janet Chow, Sarah E. Reisman, Joseph F. Petrosino, Paul H. Patterson, Sarkis K. Mazmanian. *The microbiota modulates gut physiology and behavioral abnormalities associated with autism*. Cell. 2013 Dec 19; 155(7): 1451-1463.

Hubbard Catherine S., Lino Becerra, Nicole Heinz, Allison Ludwick, Tali Rasooly, Rina Wu, Adriana Johnson, Neil L. Schechter, David Borsook, and Samuel Nurko. *Abdominal Pain, the Adolescent and Altered Brain Structure and Function*. PLoS One. 2016; 11(5): e0156545.

Hyland Niall P, Eamonn MM Quigley, Elizabeth Brint. *Microbiota-host interactions in irritable bowel syndrome: Epithelial barrier, immune regulation and brain-gut interactions*. World J Gastroenterol. 2014 Jul 21; 20(27): 8859-8866.

Jandhyala Sai Manasa, Rupjyoti Talukdar, Chivkula Subramanyam, Harish Vuyyuru, Mitnala Sasikala, D Nageshwar Reddy. *Role of the normal gut microbiota*. World J Gastroenterol. 2015 Aug 7; 21(29): 8787-8803.

Jenkins Trisha A., Jason C. D. Nguyen, Kate E. Polglaze, Paul P. Bertrand. *Influence of Tryptophan and Serotonin on Mood and Cognition with a Possible Role of the Gut-Brain Axis*. Nutrients. 2016 Jan; 8(1): 56.

Kabouridis Panagiotis S, Vassilis Pachnis. *Emerging roles of gut microbiota and the immune system in the development of the enteric nervous system*. J Clin Invest. 2015 Mar 2; 125(3): 956-964.

Kelly John R, Paul J. Kennedy, John F. Cryan, Timothy G. Dinan, Gerard Clarke, Niall P. Hyland. *Breaking down the barriers: the gut microbiome, intestinal permeability and stress-related psychiatric disorders.* Front Cell Neurosci. 2015; 9: 392. Published online 2015 Oct 14. "Um número cada vez maior de ensaios pré-clínicos indica, em termos gerais, que a microbiota intestinal pode modular o desenvolvimento e o funcionamento do cérebro, assim também o comportamento, por meio dos canais imunológico, endócrino e neuronal do eixo cérebro-intestino-microbiota. Os mecanismos concretos que subjazem a esta interação não estão muito claros. De qualquer forma, a hipótese de que um intestino permeável possa facilitar a comunicação entre a microbiota e estes canais vai ganhando terreno. Esta permeabilidade pode ser a base da inflamação crônica leve que se observa nos transtornos, como a depressão e o microbioma intestinal joga um papel chave na regulação desta permeabilidade. Nesta revisão argumentamos o possível papel que a microbiota cumpre no correto funcionamento da barreira intestinal, e as consequências que sofre o sistema nervoso central quando esta se vê afetada. Para tanto, fazemos referência tanto a estudos clínicos quanto policlínicos que confirmam esta hipótese, além de delimitar as características específicas que precisam reunir uma microbiota para garantir o correto funcionamento da barreira intestinal".

Kennedy Paul J, John F Cryan, Timothy G Dinan, Gerard Clarke. *Irritable bowel syndrome: A microbiome-gut-brain axis disorder?* World J Gastroenterol. 2014 Oct 21; 20(39): 14105-14125.

Keunen Kristin, Ruurd M. van Elburg, Frank van Bel, Manon J. N. L. Benders. *Impact of nutrition on brain development and its neuroprotective implications following preterm birth.* Pediatr Res. 2015 Jan; 77(1-2): 148-155.

Kilkens T O C, A Honig, M A van Nieuwenhoven, W J Riedel, R-J M Brummer. *Acute tryptophan depletion affects brain-gut responses in irritable bowel syndrome patients and controls.* Gut. 2004 Dec; 53(12): 1794-1800.

Kostic Aleksandar D., Michael R. Howitt, Wendy S. Garrett. *Exploring host-microbiota interactions in animal models and humans.* Genes Dev. 2013 Apr 1; 27(7): 701--718.

Kreisinger Jakub, Géraldine Bastien, Heidi C Hauffe, Julian Marchesi, Sarah E Perkins. *Interactions between multiple helminths and the gut microbiota in wild rodents.* Philos Trans R Soc Lond B Biol Sci. 2015 Aug 19; 370(1675): 20140295.

Lee Kang Nyeong, Oh Young Lee. *Intestinal microbiota in pathophysiology and management of irritable bowel syndrome.* World J Gastroenterol. 2014 Jul 21; 20(27): 8886-8897.

Leung Katherine, Sandrine Thuret. *Gut Microbiota: A Modulator of Brain Plasticity and Cognitive Function in Ageing.* Healthcare (Basel) 2015 Dec; 3(4): 898-916.

Louis Petra. *Does the Human Gut Microbiota Contribute to the Etiology of Autism Spectrum Disorders?* Digestive Diseases and Sciences August 2012, Volume 57, Issue 8, pp 1987-1989.

Luczynski Pauline, Karen-Anne McVey Neufeld, Clara Seira Oriach, Gerard Clarke, Timothy G. Dinan, John F. Cryan. *Growing up in a Bubble: Using Germ-Free Animals to Assess the Influence of the Gut Microbiota on Brain and Behavior.* Int J Neuropsychopharmacol. 2016 Aug; 19(8): pyw020.

Lyte Mark, Ashley Chapel, Joshua M. Lyte, Yongfeng Ai, Alexandra Proctor, Jay-Lin Jane, Gregory J. Phillips. *Resistant Starch Alters the Microbiota-Gut Brain Axis: Implications for Dietary Modulation of Behavior.* PLoS One. 2016; 11(1): e0146406.

Lyte Mark. *Microbial endocrinology: Host-microbiota neuroendocrine interactions influencing brain and behavior.* Gut Microbes. 2014 May 1; 5(3): 381–389. "A habilidade dos micro-organismos – sejam micro-organismos comensais dentro da microbiota ou introduzidos como parte de um regime terapêutico – para influir no comportamento tem sido demonstrada por numerosos laboratórios ao longo dos últimos anos. O nosso conhecimento dos mecanismos responsáveis das interações que acontecem no eixo microbiota-intestino-cérebro é, contudo, insuficiente. A complexidade da microbiota é sem dúvida um fator determinante. Não obstante, apesar de que os microbiólogos que pesquisam a influência do eixo microbiota-intestino-cérebro sobre o comportamento são conscientes desta complexidade, o que acontece com frequência é que se ignora a complexidade que por sua volta caracteriza o sistema neurofisiológico do anfitrião, especialmente no que diz respeito ao intestino que é inervado pelo sistema nervoso entérico. Assim, ao pesquisar os mecanismos por meio dos quais a microbiota pode influir no comportamento, é preciso pesquisar os mecanismos compartilhados entre a microbiota e o hóspede. Um ponto chave nesta comunicação entre reinos é a coincidência na produção de mediadores neuroquímicos existentes tanto em eucariotas quanto em procariotes. O estudo e o reconhecimento daqueles neuroquímicos cuja estrutura coincide exatamente com os organismos vertebrados é o que se conhece como endocrinologia microbiana. A análise da microbiota, desde a perspectiva privilegiada da interação neuroendócrina hóspede-microbiota, não só ajudaria a identificar novos mecanismos através dos quais a microbiota influi no comportamento do hóspede, mas também poderia ser a base para a criação de novos procedimentos encaminhados a modificar a composição da microbiota com o objetivo de obter um perfil específico – em relação à endocrinologia microbiana – benéfico para o estado anímico e o comportamento do hóspede".

MacFabe Derrick F. *Short-chain fatty acid fermentation products of the gut microbiome: implications in autism spectrum disorders.* Microb Ecol Health Dis. 2012; 23: 10.3402/mehd. v23i0.19260.

Mandal Rahul Shubhra, Sudipto Saha, Santasabuj Das. *Metagenomic Surveys of Gut Microbiota.* Genomics Proteomics Bioinformatics. 2015 Jun; 13(3): 148-158.

Maranduba Carlos Magno da Costa, Sandra Bertelli Ribeiro De Castro, Gustavo Torres de Souza, Cristiano Rossato, Francisco Carlos da Guia, Maria Anete Santana Valente, João Vitor Paes Rettore, Claudinéia Pereira Maranduba, Camila Maurmann de Souza, Antônio Márcio Resende do Carmo, Gilson Costa Macedo, Fernando de Sá Silva. *Intestinal Microbiota as Modulators of the Immune System and Neuroimmune System: Impact on the Host Health and Homeostasis.* J Immunol Res. 2015; 2015: 931574.

Marchesi Julian R, David H Adams, Francesca Fava, Gerben D. A. Hermes, Gideon M Hirschfield, Georgina Hold, Mohammed Nabil Quraishi, James Kinross, Hauke Smidt, Kieran M Tuohy, Linda V Thomas, Erwin G Zoetendal,

Ailsa Hart. *The gut microbiota and host health: a new clinical frontier.* Gut. 2016 Feb; 65(2): 330-339. "Nos últimos 10-15 anos os nossos conhecimentos sobre a composição e funções da microbiota intestinal humana têm crescido significativamente. Isto aconteceu devido, em grande medida, às novas tecnologias ômicas que têm facilitado as análises à grande escala dos perfis genético e metabólico da comunidade microbiana, análises que têm revelado que esta comunidade poderia ser considerada um novo orgão e que abrem a possibilidade de nova linha terapêutica. De fato, seria mais correto considerá-la novo sistema imunológico: um grupo de células que trabalham em equipe com o hóspede e que podem preservar a saúde, mas também podem provocar a doença. Nesta revisão atualizamos as últimas descobertas no âmbito dos transtornos intestinais, concretamente à síndrome metabólica e às doenças relacionadas com a obesidade, as doenças hepáticas, a doença inflamatória intestinal e o câncer colorretal. Avaliamos o efeito potencial que a manipulação da microbiota poderia ter sobre esses transtornos e examinamos as evidências mais recentes sobre antibióticos, probióticos, polifenois e transplantes fecais".

McCarville Justin L., Alberto Caminero, Elena F. Verdu. *Novel perspectives on therapeutic modulation of the gut microbiota.* Therap Adv Gastroenterol. 2016 Jul; 9(4): 580-593.

Mayer Emeran A., Kirsten Tillisch, Arpana Gupta. *Gut/brain axis and the microbiota.* J Clin Invest. 2015 Mar 2; 125(3): 926-938.

Mayer Emeran A., Kirsten Tillisch. *The Brain-Gut Axis in Abdominal Pain Syndromes.* Annu Rev Med. 2011; 62: 10.1146/annurev-med-012309-103958.

Mayer Emeran A., Tor Savidge, Robert J. Shulman. *Brain Gut Microbiome Interactions and Functional Bowel Disorders.* Gastroenterology. 2014 May; 146(6): 1500-1512.

Mayer Emeran A. *Gut feelings: the emerging biology of gut--brain communication.* Nat Rev Neurosci. 2011 Jul 13; 12(8): 10.1038/nrn3071.

Mertz H. *Role of the brain and sensory pathways in gastrointestinal sensory disorders in humans.* Gut. 2002 Jul; 51(Suppl 1): i29-i33.

Mezzelani Alessandra, Martina Landini, Francesco Facchiano, Maria Elisabetta Raggi, Laura Villa, Massimo Molteni, Barbara De Santis, Carlo Brera, Anna Maria Caroli, Luciano Milanesi, Anna Marabotti. *Environment, dysbiosis, immunity and sex-specific susceptibility: A translational hypothesis for regressive autism pathogenesis.* Nutr Neurosci. May, 2015; 18(4): 145-161.

Montiel-Castro Augusto J., Rina M. González-Cervantes, Gabriela Bravo-Ruiseco, Gustavo Pacheco-López. *The microbiota-gut-brain axis: neurobehavioral correlates, health and sociality.* Front Integr Neurosci. 2013; 7: 70. "Dados recentes mostram que o corpo humano não é essa eficiente ilha autossuficiente que nós pensávamos. Trata-se, de fato, de um ecossistema supercomplexo formado por trilhões de bactérias e outros micro-organismos que vivem em todo o nosso organismo: pele, boca, órgãos sexuais... e especialmente nos nossos intestinos. Nos últimos tempos tem se tornado evidente que esta microbiota, especificamente a do intestino, pode influir notavelmente em muitos parâmetros fisiológicos incluindo funções cognitivas como a aprendizagem, a memória e a

108 | *A Incrível Conexão Intestino Cérebro*

tomada de decisões. A microbiota humana é um ecossistema dinâmico e diverso que estabelece uma relação simbiótica com seu hóspede. Ontogeneticamente, este 'ecossistema' é inoculado verticalmente pela mãe no momento do nascimento e, horizontalmente, se transmite através de parentes ou membros vizinhos da comunidade. Este microecossistema serve o hóspede protegendo-o contra os patógenos, metabolizando lipídios complexos e polissacáridos que, de outra forma, seriam nutrientes inacessíveis, neutralizando drogas e carcinógenos, modulando a motilidade intestinal e permitindo a percepção visceral. Contudo, é evidente que a comunicação bidirecional entre o trato gastrointestinal e o cérebro através do nervo vago, o que se conhece como eixo intestino-cérebro, é vital para manter a homeostase e pode estar também envolvida na etiologia de várias disfunções e transtornos metabólicos e mentais. Neste texto revisamos as evidências que mostram a habilidade da microbiota intestinal para se comunicar com o cérebro e, dessa forma, modular o comportamento".

Mu Chunlong, Yuxiang Yang, Weiyun Zhu. *Gut Microbiota: The Brain Peacekeeper*. Front Microbiol. 2016; 7: 345. "A microbiota regula a homeostase intestinal extraintestinal. As evidências até o momento sugerem que também regula a função cerebral e o comportamento. Os resultados obtidos em provas com animais indicam que muitos transtornos neurofisiológicos estão diretamente relacionados com alterações na composição e no funcionamento de algum dos componentes da microbiota, consolidando assim a hipótese do eixo microbiota-intestino-cérebro e o papel que a microbiota, como força pacificadora, exerce na saúde cerebral. Neste artigo, analisamos as descobertas mais recentes sobre o seu papel nas doenças relacionadas com o sistema nervoso central. Também tratamos o conceito emergente da regulação bidirecional entre a microbiota e o ritmo circadiano e o papel potencial que pode colocar a regulação epigenética no funcionamento das células neuronais. Os estudos igualmente estão revelando o microbioma como elemento crucial no desenvolvimento de novas terapias específicas para as alterações no desenvolvimento neuronal".

Mulak Agata, Bruno Bonaz. *Brain-gut-microbiota axis in Parkinson's disease.* World J Gastroenterol. 2015 Oct 7; 21(37): 10609-10620.

Mulle Jennifer G., William G. Sharp, Joseph F. Cubells. *The Gut Microbiome: A New Frontier in Autism Research.* Curr Psychiatry Rep. 2013 Feb; 15(2): 337.

Newell C, Bomhof MR, Reimer RA, Hittel DS, Rho JM, Shearer J. *Ketogenic diet modifies the gut microbiota in a murine model of autism spectrum disorder.* Mol Autism. 2016 Sep 1;7(1):37.

Omotayo O. Erejuwa, Siti A. Sulaiman, Mohd S. Ab Wahab. *Modulation of Gut Microbiota in the Management of Metabolic Disorders: The Prospects and Challenges.* Int J Mol Sci. 2014 Mar; 15(3): 4158-4188.

Petra Anastasia I., Smaro Panagiotidou, Erifili Hatziagelaki, Julia M. Stewart, Pio Conti, Theoharis C. Theoharides. *Gut--microbiota-brain axis and effect on neuropsychiatric disorders with suspected immune dysregulation.* Clin Ther. 2015 May 1; 37(5): 984-995.

Petrof Elaine O., Alexander Khoruts. *From Stool Transplants to Next-generation Microbiota Therapeutics.* Gastroenterology. 2014 May; 146(6): 1573-1582.

Pimentel Gustavo D, Thayana O Micheletti, Fernanda Pace, José C Rosa, Ronaldo VT Santos, Fabio S Lira. *Gut-central nervous system axis is a target for nutritional therapies.* Nutr J. 2012; 11: 22.

Rajilić-Stojanović Mirjana, Daisy M Jonkers, Anne Salonen, Kurt Hanevik, Jeroen Raes, Jonna Jalanka, Willem M de Vos, Chaysavanh Manichanh, Natasa Golic, Paul Enck, Elena Philippou, Fuad A. Iraqi, Gerard Clarke, Robin C Spiller, John Penders. *Intestinal Microbiota and Diet in IBS: Causes, Consequences, or Epiphenomena?* Am J Gastroenterol. 2015 Feb; 110(2): 278-287.

Rhee Sang H, Charalabos Pothoulakis, Emeran A. Mayer. *Principles and clinical implications of the brain-gut-enteric microbiota axis.* Nat Rev Gastroenterol Hepatol. 2009 May; 6(5): 10.1038/nrgastro.2009.35.

Rogers G B, D J Keating, R L Young, M-L Wong, J Licinio, S Wesselingh. *From gut dysbiosis to altered brain function and mental illness: mechanisms and pathways.* Mol Psychiatry. 2016 Jun; 21(6): 738–748.

Sampson Timothy R., Sarkis K. Mazmanian. *Control of Brain Development, Function, and Behavior by the Microbiome.* Cell Host Microbe. 2015 May 13; 17(5): 565-576. doi: 10.1016/j.chom.2015.04.011.

Sanders Mary Ellen, Francisco Guarner, Richard Guerrant, Peter R Holt, Eamonn MM Quigley, R Balfour Sartor, Philip M Sherman, Emeran A Mayer. *An update on the use and investigation of probiotics in health and disease.* Gut. 2013 May; 62(5): 787-796.

Santocchi Elisa, Letizia Guiducci, Francesca Fulceri, Lucia Billeci, Emma Buzzigoli, Fabio Apicella, Sara Calderoni, Enzo Grossi, Maria Aurora Morales, Filippo Muratori. *Gut to brain interaction in Autism Spectrum Disorders: a randomized controlled trial on the role of probiotics on clinical, biochemical and neurophysiological parameters.* BMC Psychiatry. 2016; 16: 183.

Selkrig Joel, Peiyan Wong, Xiaodong Zhang, Sven Pettersson. *Metabolic tinkering by the gut microbiome: Implications for brain development and function.* Gut Microbes. 2014 May 1; 5(3): 369-380. "Inúmeras pesquisas realizadas ao longo da década passada demonstram o surpreendente papel que desempenha o microbioma no desenvolvimento e funcionamento do cérebro. Nesta análise afirmamos que as alterações da microbiota intestinal, derivadas de fatores nutricionais e ambientais afetam profundamente o desenvolvimento do cérebro e o seu funcionamento".

Smith Carli J., Jacob R. Emge, Katrina Berzins, Lydia Lung, Rebecca Khamishon, Paarth Shah, David M. Rodrigues, Andrew J. Sousa, Colin Reardon, Philip M. Sherman, Kim E. Barrett, Mélanie G. Gareau. *Probiotics normalize the gut-brain-microbiota axis in immunodeficient mice.* Am J Physiol Gastrointest Liver Physiol. 2014 Oct 15; 307(8): G793-G802.

Smith J, Rho JM, Teskey GC. *Ketogenic diet restores aberrant cortical motor maps and excitation-to-inhibition imbalance in the BTBR mouse model of autism spectrum disorder.* Behav Brain Res. 2016 May 1;304:67-70.

Sonnenburg Erica D., Justin L. Sonnenburg. *Starving our Microbial Self: The Deleterious Consequences of a Diet Deficient in Microbiota-Accessible Carbohydrates.* Cell Metab. 2014.

Steenbergen L, Jongkees BJ, Sellaro R, Colzato LS. *Tryptophan supplementation modulates social behavior: A review.* Neurosci Biobehav Rev. 2016 May 64:346-58.

Stilling Roman M., Seth R. Bordenstein, Timothy G. Dinan, John F. Cryan. *Friends with social benefits: host-microbe interactions as a driver of brain evolution and development?* Front Cell Infect Microbiol. 2014; 4: 147. "A estreita relação que hoje observamos entre o organismo humano e os trilhões de micróbios que o colonizam é o resultado de uma longa evolução. Somente muito recentemente temos começado a compreender como esta simbiose afeta a função cerebral e o comportamento. Na hipótese que apresentamos neste artigo discutimos como a associação hóspede-microbioma pode influir na evolução e no desenvolvimento cerebral dos mamíferos. Especificamente, analisamos a integração do desenvolvimento do cérebro humano com a evolução, a simbiose e a biologia do ARN, os três vértices do triângulo que regem o comportamento social e a cognição. Argumentamos, para compreender como a comunicação entre ambos os "mundos" pode afetar a adaptação e a plasticidade do cérebro que é inevitável considerar os mecanismos epigenéticos como os principais mediadores na interação genoma-microbioma que acontece em cada indivíduo a escala transgeneracional. Por último, unimos estas interpretações com a teoria de evolução do hologenoma. Levando em consideração todos estes elementos, propomos uma integração mais estreita entre a neurociência e a microbiologia desde uma perspectiva evolutiva".

Subramanian Sathish, Laura Blanton, Steven A. Frese, Mark Charbonneau, David A. Mills, Jeffrey I. Gordon. *Cultivating*

Healthy Growth and Nutrition through the Gut Microbiota. Cell. 2015 Mar 26; 161(1): 36-48.

Thomas Linda V., Theo Ockhuizen, Kaori Suzuki. *Exploring the influence of the gut microbiota and probiotics on health: a symposium report.* Br J Nutr. 2014 Jul; 112(Suppl 1): S1-S18.

Tillisch Kirsten. *The effects of gut microbiota on CNS function in humans.* Gut Microbes. 2014 May 1; 5(3): 404-410. "O papel que a microbiota gastrointestinal joga no desenvolvimento e funcionamento do cérebro é uma área que cada vez gera mais interesse e na qual se concentram cada vez mais pesquisas. Ensaios pré-clínicos sugerem que a microbiota pode ser um fator determinante em diversos aspectos da saúde humana, incluindo o estado anímico, a cognição e a dor crônica. Os incipientes estudos a respeito sugerem que a alteração da microbiota com bactérias benéficas ou probióticos possa provocar mudanças na função cerebral e mesmo no estado de ânimo. À medida que vai se compreendendo melhor a comunicação bidirecional entre o cérebro e a microbiota, se espera que estes caminhos sejam explorados com o objetivo de encontrar novos métodos de prevenção e tratamento".

Tojo Rafael, Adolfo Suárez, Marta G Clemente, Clara G de los Reyes-Gavilán, Abelardo Margolles, Miguel Gueimonde, Patricia Ruas-Madiedo. *Intestinal microbiota in health and disease: Role of bifidobacteria in gut homeostasis.* World J Gastroenterol. 2014 Nov 7; 20(41): 15163-15176.

Torii Kunio, Hisayuki Uneyama, Eiji Nakamura. *Physiological roles of dietary glutamate signaling via gut-brain axis due to efficient digestion and absorption.* J Gastroenterol. 2013 Apr; 48(4): 442-451.

Usami Makoto, Makoto Miyoshi, Hayato Yamashita. *Gut microbiota and host metabolism in liver cirrhosis.* World J Gastroenterol. 2015 Nov 7; 21(41): 11597-11608.

Vela Guillermo, Peter Stark, Michael Socha, Ann Katrin Sauer, Simone Hagmeyer, Andreas M. Grabrucker. *Zinc in Gut-Brain Interaction in Autism and Neurological Disorders.* Neural Plast. 2015; 2015: 972791.

Wang Yan, Lloyd H. Kasper. *The role of microbiome in central nervous system disorders.* Brain Behav Immun. 2014 May; 38: 1-12.

Watanabe Yohei, Sohei Arase, Noriko Nagaoka, Mitsuhisa Kawai, Satoshi Matsumoto. *Chronic Psychological Stress Disrupted the Composition of the Murine Colonic Microbiota and Accelerated a Murine Model of Inflammatory Bowel Disease.* PLoS One. 2016; 11(3): e0150559.

Winek, Katarzyna Odilo Engel, Priscilla Koduah, Markus M. Heimesaat, André Fischer, Stefan Bereswill, Claudia Dames, Olivia Kershaw, Achim D. Gruber, Caterina Curato, Naoki Oyama, Christian Meisel, Andreas Meisel, Ulrich Dirnagl. *Depletion of Cultivatable Gut Microbiota by Broad-Spectrum Antibiotic Pretreatment Worsens Outcome After Murine Stroke.* Stroke. 2016 May; 47(5): 1354-1363.

Yano Jessica M., Kristie Yu, Gregory P. Donaldson, Gauri G. Shastri, Phoebe Ann, Liang Ma, Cathryn R. Nagler, Rustem F. Ismagilov, Sarkis K. Mazmanian, Elaine Y. Hsiao. *Indigenous bacteria from the gut microbiota regulate host serotonin biosynthesis.* Cell. 2015 Apr 9; 161(2): 264-276. doi: 10.1016/j.cell.2015.02.047.

Yarandi Shadi S, Daniel A Peterson, Glen J Treisman, Timothy H Moran, Pankaj J Pasricha. *Modulatory Effects of Gut Microbiota on the Central Nervous System: How Gut Could Play a Role in Neuropsychiatric Health and Diseases.* J Neurogastroenterol Motil. 2016 Apr; 22(2): 201-212. "O microbioma intestinal é parte integral do eixo intestino-cérebro. Cada vez mais vozes se elevam para declarar que uma microbiota intestinal saudável e diversificada é importante para os processos cognitivos e emocionais. Já se conhecia que os estados emocionais alterados, assim também o estresse crônico podem modificar a composição do microbioma, mas o que agora fica cada vez mais evidente é que a interação entre o microbioma e o sistema nervoso central é bidirecional. A alteração da composição da microbiota poderia produzir um incremento da permeabilidade e prejudicar o funcionamento da barreira intestinal. Como consequência, os componentes neuroativos e os metabólitos podem ganhar acesso às áreas do sistema nervoso central que regulam a cognição e as respostas emocionais. Desequilibrar a resposta inflamatória pode ativar o sistema vago e alterar as funções neuropsicológicas. Algumas bactérias podem produzir peptídeos ou ácidos de cadeia curta que podem afetar a expressão genética e a inflamação dentro do sistema nervoso central".

Zhang Husen, Xiaofeng Liao, Joshua B. Sparks, Xin M. Luo. *Dynamics of Gut Microbiota in Autoimmune Lupus.* Appl Environ Microbiol. 2014 Dec; 80(24): 7551-7560.

Zhou Linghong, Jane A Foster. *Psychobiotics and the gut-brain axis: in the pursuit of happiness.* Neuropsychiatr Dis Treat. 2015; 11: 715-723.

Bibliografía

Angell, Marcia (Dra.). *La verdad acerca de la industria farmacéutica*. Grupo editorial Norma, 2006.

Aranga, Teri; Viadro, Claire I. – MPH, PhD; Underwood, Lauren – PhD. *Bugs, Bowels, and Behavior*. Skyhorse Publishing, Nueva York, 2013.

Campbell-McBride, Natasha – MD. *Gut and Psychology Syndrome*. Medinform Publishing, Cambridge UK, 2015.

Davis, William. *Sin trigo, gracias*. Editorial Aguilar, Madrid, 2014.

Dufty, William. *The Sugar Blues*. Warner Books, New York, 1975.

Enders, Julia. *La digestión es la cuestión*. Ediciones Urano, Barcelona, 2015.

Fife, Bruce. *Vencer al autismo*. Editorial Sirio, Málaga, 2012.

Fife, Bruce. ¡Alto al alzhéimer! Editorial Sirio, Málaga, 2015.

Gershon, Michael D. – MD. *The Second Brain*. HarperPerennial Publishers, Nueva York, 1999.

Gottschall, Elaine. *Romper el círculo vicioso*. Ediciones Universidad de Navarra, 2006.

Herbert, Martha – MD, PhD; Weintraub, Karen. *The Autism Revolution*. Ballantine Books, Nueva York, 2012.

Hitzig, Juan F. *Cincuenta y tantos: cuerpo y mente en forma aunque el tiempo siga pasando*. Debolsillo, 2005.

Kellman, Raphael – MD. *The Microbiome Diet*. Da Capo Lifelong Books, 2015.

Kirsch, Irving. *The Emperor's New Drug: Exploding the Antidepressant Myth*. The Bodley Head, London, 2009.

Laporte Adamski, Frank. *La revolución alimentaria*. Editorial Sirio. Málaga 2012.

Matveikova, Irina. *Inteligencia digestiva*. La esfera de los libros, Madrid: 2013.

Perlmutter, David. *Alimenta tu cerebro*. Grijalbo: 2016.

Porges, Stephen W. *The Polyvagal Theory*. Norton & Company Publishers, New York: 2011.

Sonnenburg, Erica y Sonnenburg Justin. *El intestino feliz*. Editorial Aguilar, Madrid: 2016.

Watson, George. *Nutrition and Your Mind: The Psychochemical Response*. Bantam Books, 1973.

www.editoraisis.com.br

Neil Stevens

O   O   A

A resposta está no
SANGUE

B   AB

Como permanecer magro e saudável
com a dieta dos Grupos Sangüíneos

ISIS

REALIZE TODOS SEUS
DESEJOS
Deixe que a mente subconsciente trabalhe para você

Geneviève Behrend

O SEGREDO
DO SUCESSO

William Walker Atkinson

A LEI DA ATRAÇÃO
A FORÇA DO DESEJO

William Walker Atkinson

A FORÇA DA MENTE
E O PODER DO PENSAMENTO

Henry Thomas Hamblin